Stand up

Collana diretta da Gino&Michele

PAOLO CEVOLI

Il sosia di LUI

La vera storia del falso Mussolini

SOLFERINO

SOLFERINO

www.solferinolibri.it

ISBN 978-88-282-1281-2
Prima edizione: maggio 2023

Il sosia di LUI

Non v'accorgete voi che noi siam vermi
nati a formar l'angelica farfalla,
che vola a la giustizia sanza schermi?

Dante, *Purgatorio*, X, 124-126

Cambiare l'acqua alle olive

Era una bella sera dell'estate del '39 e, come si dice in Romagna, stavo cambiando l'acqua alle olive rimirando l'aquila imperiale impressa in oro sul bordo dell'orinatoio quando, con la patta già bella che aperta, vengo affiancato da Lui. Siamo in piedi, spalla a spalla.

Non avrei voluto ma l'occhio, come sovente accade in quei frangenti, istintivamente mi è sceso «laggiù», giusto per una fugace sbirciatina comparativa ma più che sufficiente per rendermi conto che, effettivamente, le voci che circolavano sul «coso» di Lui non erano del tutto prive di fondamento. Anzi.

Lui ricambia lo sguardo. Alza gli occhi e con un ironico ghigno di sfida scuote la testa. Scuote anche il «cosone» che ha fra le mani.

«Mi avevano detto che eri uguale sputato a me. Tutte *patacate*. Non mi somigli per un cazzo.»

Poi, dopo un'ultima occhiata sprezzante, così come era

venuto, impettito e altezzoso, se n'è andato lasciando vuota la poltrona di prima fila del Teatro degli Ottomila in viale Ceccarini a Riccione, dove quella sera, con il *Mefistofele* di Boito, si inaugurava la stagione lirica. La poltrona che, di lì a poco, avrei occupato io in qualità di sosia. Il sosia di Lui.

Quella è stata la prima e unica volta che l'ho incontrato di persona.

Oh, non ci crederete, avevamo grosso modo la stessa statura, eppure Benito Mussolini era riuscito a guardarmi dall'alto in basso.

Bruchi e farfalle

Per la verità, ho sempre vissuto la sensazione di essere un po' guardato dall'alto in basso. Sia perché non sono tanto alto di statura, sia perché ho sempre frequentato amici e compagni più grandi di me. Quando ero bambino andavo con una combriccola a giocare al Rio Melo, un torrente che sgorga dalle colline di Monte Colombo e Montescudo e che dopo circa una quindicina di chilometri raggiunge la costa, confluendo nel porto canale di Riccione.

Per noi ragazzini risalire il corso d'acqua era una grande avventura. Passavamo sotto il ponte romano in muratura e con spade di legno ci fingevamo soldati dell'impero alla ricerca dei barbari cattivi, immersi in una densa vegetazione di canneti, rovi e salici. Dagli alberi scendevano intricate liane, che ci ricordavano il mitico Tarzan, che si destreggiava nel fitto della giungla volteggiando da una liana all'altra. E così facevamo anche noi, completamente nudi, battendoci il petto e urlando a squarciagola, fantasticando di incontrare la Jane dei nostri sogni.

Queste avventure immaginarie però ogni tanto ci venivano a noia e allora trascorrevamo i pomeriggi facendo i soliti innocenti passatempi della fanciullezza: chi impiccava un ramarro, chi tirava ai piccioni con la fionda, chi dava fuoco alla coda di un gatto. A me questi giochi non mi sono mai piaciuti, ma siccome i miei compagni più grandi facevano così, anch'io – che non volevo essere da meno –, seppur controvoglia, facevo qualche cattiveria. Giusto per stare in compagnia. Si sa, in compagnia si fa di tutto. Dicono che una volta, per stare in compagnia, ha preso moglie un frate. Probabilmente per non essere da meno.

Un giorno, nella pausa fra un innocente passatempo e l'altro, mentre ero sdraiato sull'erba mi è capitato di vedere una colonna di formichine che si stavano arrampicando su un albero, tutte belle precise in fila indiana. Sono ordinate e precise le formichine, mi piacciono perché anch'io sono uno ordinato e preciso (sono un meccanico e mi piacciono le cose precise). A un certo punto, seguendo le formichine, ho visto un bruco nel suo bozzolo proprio nel momento che si stava trasformando in farfalla. Avete presente? La cosa che più mi ha colpito è che 'sto vermiciattolo si dimenava, si ribellava come se avesse avuto paura di cambiare natura, di diventare farfalla.

Ecco, tutta la vita io mi sono sempre sentito un po' come quel bruco lì.

Poi ho sentito un urlo di Tarzan. Uno dei più grandi è

atterrato saltando da una liana, ha visto il bruco e prima che la farfalla si trasformasse del tutto, l'ha schiacciata con un sasso. Un po' mi è dispiaciuto.

29 giugno 1958

Per tanto tempo mi sono sentito come quel bruco ribelle. Ma oggi, 29 giugno 1958, mi sento diverso. Oggi mi sento come se fossi rinato a vita nuova, come una farfalla.

Sono arrivato ieri mattina dal Sud America. Dopo quindici anni sono tornato a Riccione, a casa mia.

Sono tornato per amore, per ritrovare la donna della mia vita.

Ma cominciamo con ordine che sennò facciamo casino. E io, come ho detto, sono uno ordinato e preciso.

Ah, a me mi puoi dire tutto, ma non che non sono uno preciso. Io non sopporto quelle officine dove gli attrezzi sono tutti ramassati dentro i cassetti, sul tavolo e nei bidoni dell'olio. Un caos cosmico di pinze, chiavi inglesi e martelli. Tutto trasandato, senza nessun amore.

Invece la mia bottega sembrava una sala chirurgica. Ogni

cosa al suo posto, ogni posto la sua cosa. Che la puoi trovare a occhi chiusi.

Chiave a pipa del 12? Là.

Pinza a grip? Là.

Brugola del 7? Là.

Martello? Dunque vediamo... martello... ero sicuro di averlo messo qui, vicino alla falce... 'Orca l'oca, chi mi ha spostato il martello!

Se non ho tutto in ordine non riesco più a ragionare.

E, appunto per essere precisi, tutto ebbe inizio il 10 giugno 1934.

Quel giorno mi arrestarono e mi portarono nello scantinato della Casa del fascio in viale Ceccarini a Riccione. Dove mi hanno tenuto imprigionato per nove anni. Dal 1934 al 1943.

Sono passati ventiquattro anni ma mi ricordo come se fosse l'altro ieri.

Italiani *sburoni*

Dovete sapere che nella prima metà degli anni Trenta in Italia si respirava un'aria di grande euforia anche perché nel mondo, in quel periodo, noi italiani eravamo considerati i più *sburoni*, in assoluto i più *sburoni*. Le nostre imprese stupivano il mondo e riempivano le prime pagine dei giornali stranieri.

Persino Benito Mussolini, penna storica del giornalismo italiano, scriveva per i giornali stranieri, nello specifico americani. Alcuni maligni e disfattisti sostenevano che i suddetti articoli non fossero scritti da Lui ma da Margherita Sarfatti, sua mentore e amante.

In ogni caso, qualunque fosse l'autore, l'argomento Italia tirava molto, soprattutto negli Stati Uniti, in particolare nella loro capitale: Nuova York.

Per la verità la capitale sarebbe Washington ma penso che i suoi politici hanno deciso così per via che Washington è più nel mezzo dell'America, per un discorso di comodità per i suoi meridionali che così fanno meno strada per andarci a fare le pratiche, le marche da bollo eccetera. Tipo Roma da noi.

Non sto a fare l'elenco completo delle italiche imprese altrimenti facciamo notte.

Nuova York, 29 giugno 1933 – esattamente venticinque anni fa – al Madison Square Garden, Primo Carnera, un *sabardone* grande e grosso che veniva dal Friuli, forte come un toro ma talmente ignorante che non capiva nemmeno gli schiaffoni che gli davano, sale sul ring per affrontare Jack Sharkey, campione in carica dei pesi massimi. L'arena è gremita. Gong. I primi round si menano ma niente di che. E poi alla sesta ripresa, Carnera spara un gran montante destro e Jack Sharkey cade al tappeto come una camera d'aria bucata. Gli spettatori italiani urlano, gridano, festanti lo portano in trionfo. Primo Carnera diventa il primo italiano campione mondiale dei pesi massimi, l'uomo più forte al mondo.

Il pugilatore manda due telegrammi di ringraziamento: il primo è indirizzato alla sua mamma; il secondo a Benito Mussolini.

Dopo appena un mese, Italo Balbo arriva a Nuova York con ventiquattro idrovolanti del tipo Savoia 55X partiti da Orbetello. La trasvolata del decennale della Regia aeronautica. Italo Balbo e i suoi cento e passa aviatori vengono portati in trionfo sulla Fifth Avenue. Gli dedicano addirittura una strada. Mussolini invia un telegramma di felicitazioni.

E sempre a Nuova York e sempre nello stesso anno, alle 4.40 del mattino del 16 agosto, ormeggia il transatlantico *Rex*. Tempo record: 4 giorni, 13 ore e 58 minuti dopo essere partito da Gibilterra. Nastro Azzurro. Mussolini Benito telegrafa al console di Nuova York. «Esprima comandante Tarabotto il mio più vivo compiacimento per il record magnifico del *Rex*. Compiacimento estendo stato maggiore, equipaggio e personale tutto. Benito Mussolini.»

Mussolini *sburone*

Mussolini, Mussolini, Mussolini: sempre e solo Mussolini!

Sembrava che fosse tutto merito suo. E gli andavano tutte fatte bene. Qualsiasi cosa che gli saltava in testa gli riusciva.

Bonifica della palude pontina. Ci avevano provato anche Napoleone e gli antichi romani senza riuscirci. Migliaia di ettari siti nel basso Lazio, paludi malsane infestate da zanzare, mosche e tafani trasformati in terre fertili e ubertose.

Mussolini? Ce l'ha fatta.

Battaglia del grano per non comprare più il grano all'estero.

Mussolini ce l'ha fatta.

I treni arrivano in orario.

Ce l'ha fatta.

«Lasciate pure le biciclette aperte che non verranno rubate!»

Ce l'ha fatta. Quasi sempre... perché a me, e non lo dico per disfattismo, una bici nuova fiammante me l'hanno inculata.

Tutti gli italiani, quasi tutti, lo amavano, lo idolatravano.

«A noi, a noi, a noi!»

«Duce di qua, duce di là!»

«Eja! Eja! Alalà!» (Questa l'ha inventata Gabriele D'Annunzio.)

In Italia l'entusiasmo era obbligatorio.

Plebiscito

Marzo 1934. Elezioni politiche. 10.433.536 italiani maschi, maggiorenni e militassolti vengono chiamati alle urne per esprimere la loro libera volontà.

«Buongiorno, sarei venuto per votare. Giusto per avere un'idea, quali partiti si possono scegliere, quale gamma di...»

«*Ah dì ció*, qui di gamma non ce n'è mica tanta... si è presentata solo una lista, il listone del Partito nazionale fascista. Su questa scheda tricolore c'è scritto: "Approvate voi la lista dei deputati designati dal Gran consiglio nazionale del fascismo?" e sotto c'è già il sì. Non c'è bisogno di sbarrare niente. Per risparmiare sulla cancelleria. Viceversa, in senso inverso, qualora volesse votare contro il listone, li vede quei due energumeni in camicia nera, fez e manganello? Ecco la scheda del NO la può chiedere a loro. Si accomodi.»

Il 99,84% degli italiani maschi, maggiorenni e militassolti ha espresso la sua libera volontà votando sì. Un plebiscito. Si vede proprio che la gente era convinta.

Tutte le cose gli andavano di culo a 'sto forlivese.

Mondiali del '34

Ma torniamo al 10 giugno 1934.

Quel giorno sono a casa mia ad ascoltare alla radio la finale del Campionato del mondo di pallone. Nazionale italiana contro la fortissima Cecoslovacchia.

Nell'occasione Carosio Nicolò inaugura le trasmissioni dell'EIAR, Ente italiano per le audizioni radiofoniche.

«Qui Roma, stadio del Partito nazionale fascista. Nonostante non si è ancora giunti al solstizio d'estate, la capitale italiana è nel pieno di un'ondata di caldo, con temperature che superano i 40 °C.»

Che grande invenzione la radio! In quegli anni tutti volevano averne una, soprattutto per ascoltare il popolarissimo programma umoristico *I quattro moschettieri*, con i suoi famosi personaggi (che non c'entravano nulla con i moschettieri di Alessandro Dumas), primo fra tutti il Feroce Saladino. Qualcuno diceva che il successo della trasmissione fosse dovuto al concorso a premi legato alla raccolta di figurine, altri al fatto che fra le righe del programma si intravedesse una velata presa in giro del regime fascista.

Regime che, comunque sia, contava molto sulla vittoria della nazionale di calcio a fini propagandistici.

Ma riprendiamo il collegamento da Roma.

«In tribuna d'onore siedono, tra gli altri, Benito Mussolini a fianco di Jules Rimet, ideatore del torneo di calcio, e le principesse Maria Francesca e Mafalda di Savoia. Scendono in campo per la nazionale italiana: Combi, Monzeglio, Allemandi, Ferraris IV, Monti, Bertolini, Guaita, Meazza, Schiavio, Ferrari, Orsi.»

Il primo tempo della partita non succede quasi niente. Poi fa gol Puč per i Boemi. Sugli spalti i tifosi italiani assistono ammutoliti. Mancano solo 15 secondi alla fine della gara, ma gli azzurri pareggiano con Orsi. Si va ai supplementari. E lì l'apoteosi!

«Cari radioascoltatori, siamo giunti al quinto minuto del primo tempo supplementare. Schiavio entra in possesso della sfera... dribbla tutti i giocatori della squadra avversaria e mette la palla nel sacco alle spalle dell'incolpevole František Plánička, estremo difensore della nazionale boema!»

Dopo la segnatura, probabilmente per la calura, la stanchezza o forse l'emozione, Schiavio sviene per qualche istante, fino a essere svegliato a colpi di schiaffi da Meazza e dall'allenatore Pozzo. Quando ci vuole, ci vuole... La rete ha distrutto il morale dei cecoslovacchi, che non sono in grado di agguantare il pareggio. Fischio finale.

«Campioni del mondo! Campioni del mondo!»

Toc, toc, toc!

Mentre son lì che esulto per la vittoria della nostra nazionale, sento un gran bussare alla porta.

«Vivadio! Vivadio!»

Pio Vivadio

Vivadio è il mio cognome. Ma non è colpa dei miei genitori che io il babbo e la mamma non li ho avuti, la colpa è delle suore. Non della categoria delle suore in generale ma delle Piccole sorelle della misericordia. Uno degli innumerevoli ordini di suore della Chiesa cattolica.

Quanti sono? Si dice che nella Chiesa esistono tre misteri inconoscibili:

1) cosa pensano i Gesuiti;
2) quanti soldi hanno i Salesiani;
3) quanti e quali sono gli ordini monastici femminili.

Quest'ultimo mistero rimane il più inspiegabile tanto che forse neanche il Padreterno in persona riesce a fare il conto preciso, considerando scissioni, chiusure, nascite, rinnovi eccetera.

Fattostà che un bel giorno le Piccole sorelle hanno trovato un fagottino fuori dal loro convento. Era inverno, faceva un freddo birichino. Avvolto in una coperta c'era un bambino, stava buono buono e non piangeva neppure. Quel bambino ero io.

Mi hanno portato dentro e prima ancora di darmi da mangiare mi hanno battezzato col nome Pio. Si vede che avevo la faccia da buono. O forse volevano farmi fare carriera nei preti. Avere un nome da papa può sempre fare comodo. E datosi che ero un figlio di *enne-enne*, oltre al nome mi hanno imposto anche il cognome. Per deciderlo hanno discusso un bel po'.

«Sorelle, cosa ne dite di Casadei?»

«Casadei andrebbe benissimo come figlio di nessuno, ma qui in Romagna ce ne sono già tanti...»

«Diotallevi sa un po' troppo di città...»

«Deodati?»

«Fa troppo bass'Italia.»

Erano indecise. Alla fine è successo che una novizia, suor Letizia, un giorno mi stava cambiando. «E vivadio, ma quanta ne ha fatta! È più cacca che bambino.»

La cacca l'hanno tolta; il Vivadio m'è rimasto.

Pio Vivadio. Poi crescendo il Pio è venuto meno perché mi hanno affibbiato il soprannome «Nullo». Quelli della combriccola del Rio Melo chiamandomi così pensavano di offendermi, di farmi un torto. Mai io non mi sono mai sentito offeso, anzi questo nomignolo mi ha sempre inorgoglito. Nullo. Un nome anarchico. Vero figlio di nessuno: senza santi né padroni!

Suorine e galline

La carriera da prete si è interrotta subito. Ho smesso di studiare alle elementari. Le monache hanno capito subito che non sarei mai diventato papa, al massimo sagrestano. Mi piacevano solo le materie pratiche e la storia. L'ora di religione in particolare mi faceva schifo, mi allappava, come i cachi poco maturi. Per la religione sono più le cose che non si possono fare di quelle che si posson fare; che gusto c'è?

L'italiano non mi andava giù, in particolar modo le poesie da imparare a memoria... Secondo me le poesie sono roba scritta da uomini rachitici per donzellette cagionevoli. Ancor meglio se il poeta si è fatto venire un bell'esaurimento nervoso. Stai sicuro che è in lizza per vincere il premio Nobel. Per me 'sta «donzelletta che vien dalla campagna» poteva anche rimanerci in campagna anziché venire a stracciarci i maroni a noi. Le uniche poesie che mi piacevano un po' erano quelle dei futuristi. Non so se avete presente. Quelle che non vanno in rima ma fanno poto-pom, pata-trac, ciuf-ciuf, trac-trac... Non dicono niente ma rendono l'idea.

Sul da mangiare delle suorine non posso recriminare niente. La domenica addirittura mi davano il brodo di gallina. Hai capito te come si trattavano bene le Piccole sorelle della misericordia? Avevano perfino le galline! Il giovedì invece mi davano i gnocchi. Praticamente mi han tirato su a forza di catechismo e gnocchi. Mi davano certi gnocchi sulla coppa quando sgarravo... Le sorelle menavano come dei fabbri. Poto-pom, para-sciaf, pata-sgnac.

Piccole sorelle della misericordia? *Mò* quali piccole! Ce n'erano alcune che in confronto Primo Carnera era un pigmeo! Misericordiose? Le ronde della Gestapo erano intimorite e facevano il giro largo dalla paura di incrociarne una fuori dal convento. Sorelle? Ma di chi! Io non ho parenti. E a quelle non le avrei volute neanche come cugine di ultimissimo grado.

Il lavoro nobilita

Essendo l'unico maschio del convento i lavori pratici mi toccavano tutti a me. Le suorine mi comandavano a bacchetta, piuttosto sgarbatamente.

«Pio!» «Pio!» «Pio!»

La sola a trattarmi con gentilezza era la novizia suor Letizia, non mi risparmiava niente ma mi comandava sempre con un sorriso e «per piacere».

«Pio, vai a tagliare la legna che è finita.»

«Pio, è ora della messa: suona la campana.»

«Pio, c'è da scaricare il letame.»

«Pio il rosario.»

«Pio le galline.» Pio, pio, pio... Poi, verso i dodici-tredici anni, mi son stufato.

Nel convento c'era un orto e chi gli teneva dietro era un contadino soprannominato «Manghin». Veniva tutti i giorni a zappare, innaffiare e sletamare. Faceva tutto questo bofonchiando continuamente fra sé e sé; somigliava al borbottio che fa una pentola di fagioli con le cotiche mentre bolle sul fuoco. Le monache non erano mai contente del suo lavoro, avevano sempre da criticare.

«Manghin, le patate non sanno di niente: più letame!»

«La bietola n'è venuta su poca: più acqua!»

«Le zucchine sono troppo mosce, meglio quelle turgide!»

Per questo motivo io mi immaginavo che il suo, più che un brontolare, fosse un sacramentare.

Un giorno vedo Manghin che fa una piccola pausa asciugandosi la fronte con un fazzoletto rosso e bevendo dal fiasco qualche sorsata di metà acqua e metà vino. Mi avvicino. «Manghin, non ne posso più di stare in 'sto convento. Non hai bisogno di uno? Sono bravo nei lavori... prendimi con te!»

Manghin dà un altro sorso dal fiasco. Mi mette in mano la vanga, si siede all'ombra di un gelso e si cala il cappello sugli occhi per fare un pisolino.

Quel giorno ho battuto tutti i record di vangatura, che se ci fosse stato un campionato mondiale, Benito Mussolini mi avrebbe inviato un telegramma di ringraziamento. Alla fine di quella giornata mi son trovato a dormire nella stalla del contadino Manghin avendo mandato tutti a quel paese. Tutti: santi, madonne, suorine e galline.

E vivadio!

Fascistino

«Vivadio, Vivadio!»

Come dicevo, ero lì con la mia radio che stavo esultando per la vittoria dell'Italia ai mondiali, che sento bussare alla porta di casa mia. Apro. Mi trovo davanti un fascistino in camicia nera.

«Camerata Vivadio, professione meccanico! Sei capace di accomodare l'apparecchio del Duce? Ci capisci qualcosa di idrovolanti, tu?»

Quando mi fanno le domande non riesco a resistere. Come quando ero a scuola e la signora maestra faceva una domanda. «Allora bambini, battaglia di Canne. Giorno, mese e anno. Chi lo sa?»

A me mi veniva subito di alzare la mano, prima ancora che mettesse il punto interrogativo e, mentre io diligentemente rispondevo, nello stesso istante, dall'ultimo banco partiva verso la mia testa la fiondata di Marcaccini Ettore detto «Carugnaza». Il più cattivo e ignorante della scuola. Ignorante come quello che riconosce la merda al tatto e l'ortica dall'odore.

E così, quando il camicia nera mi fa la domanda sugli idrovolanti, d'istinto alzo la mano come per dire: "Questa la so!".

«A noi!» fa lui scattando sull'attenti col braccio alzatissimo.

«A noi» dico io «gli idrovolanti ci piacciono molto e sappiamo che Mussolini ne ha uno modello Savoia-Marchetti S.66: lunghezza 16,64 metri, apertura alare 33 metri. Ma soprattutto conosciamo il rumore dei suoi tre motori Fiat A.24 di 750 cavalli ciascuno, 12 cilindri, autonomia 1200 chilometri e velocità massima 237 chilometri orari, che emettono una musica celestiale, una sinfonia cosmica, una grande fanfara che non ti annoi!»

«A noi!» ribadisce il federale.

A noi, a noi, a noi... ma c'è bisogno che ce lo diciamo tutte le volte? Non potrebbe essere sufficiente solo all'inizio e alla fine del ragionamento?

Il camicia nera, colpito dalla mia cultura idrovolantistica, mi carica sulla macchina e mi porta fino al mare, presso lo stabilimento balneare del bagnino Corazza Pasquale, nelle cui acque antistanti il Duce ammarava col suo idrovolante, color argento, immatricolato I-Mare. Il bagnino lo caricava sul moscone e lo portava a riva fra due ali di folla festante. Sul bagnasciuga brulicante di bagnanti, bambini, belle donne e bagnini.

«Duce di qua, duce di là. Eja! Eja! Alalà!»

C'era talmente tanta e forse troppa amorevole folla ad accogliere l'arrivo del loro beneamato presidente che il podestà Pullè Frangiotto fu costretto ad affiggere un manifesto.

«Il Duce è a Riccione. Egli è sulla nostra spiaggia per riposare. Il suo riposo deve essere rispettato. Può essere doloroso comprimere il proprio entusiasmo ma il sacrificio è largamente compensato dal pensiero di aver fatto cosa gradita al Capo.»

Vacanze italiane

Che io mi son sempre chiesto: ma tra tutte le belle località turistiche e balneari che ci sono in Italia, perché ha scelto proprio di venire a passare l'estate a Riccione?

«Scusi signor Benito, ma vuol mettere la bellezza del mare di Portofino? I tramonti della Versilia, i faraglioni di Capri...»

Mussolini avrà provato ad andare in quelle località esclusive, frequentate da nobili, aristocratici, attori, puttanieri, industriali e intellettuali, ma si vede che questa italica *crème de la crème* al Duce lo trattavano un po' da *parvenu*, francesisticamente detto; da pidocchio rifatto, detto in italiano schietto.

«Capiamoci bene, caro il mio egregio signor figlio di un fabbro ferraio di Predappio: un conto è mandarLa al governo – se c'è bisogno faccia pure il dittatore che, nel caso, chiuderemo un occhio o anche tutti e due – un conto è fare le vacanze insieme. Cerchiamo di mantenere le distanze, *boja fauss*!»

E poi si sa, che in tema di vacanze, come in tante altre questioni, chi comanda sono sempre le mogli. Donna Rachele Guidi, legittima consorte di Mussolini e madre dei cinque legittimi figli, romagnola verace, ha trascorso le vacanze estive con la famiglia per qualche anno a Cattolica, poi a Riccione presso l'Hotel Lido – quello che adesso, estate 1958, si chiama Hotel Mediterraneo in fondo a viale Ceccarini – fin quando ha deciso di acquistare l'ex villino del marchese Beccadelli, allora di proprietà della signora Giulia Galli Bernabei, in riva al mare in viale Vittorio Emanuele III. Il rogito d'acquisto venne firmato a Forlì, il 2 luglio 1934, per 170.000 lire. Donna Rachele ci teneva a precisare che l'investimento fu reso possibile grazie ai guadagni di suo marito Benito come giornalista della prestigiosa rivista americana «Fortune». Gli era giunto infatti da oltreoceano un assegno di 400.000 lire che il Duce voleva devolvere alla Opera nazionale balilla. Donna Rachele, con la complicità dell'amministratore, trattenne la quota necessaria all'acquisto dell'immobile e inviò il restante alla ONB. Il Duce, all'oscuro di tutto, credeva che la villa fosse un dono dei riccionesi. Il capo del governo era al corrente di tutto quello che capitava in Italia, nell'impero e in tutto il resto del mondo, ma forse era un po' più all'oscuro delle questioni riguardanti la sua famiglia.

Gli abitanti di Riccione hanno sempre accolto la famiglia Mussolini con affetto e grande senso di ospitalità, seppure a costo di qualche piccolo sacrificio. Come quando, per esempio, i proprietari dell'Hotel Amati furono «invitati», per rispettare la privacy del Duce, a murare le finestre del loro albergo che davano sul retro della villa. Naturalmente nel giro di breve l'Hotel Amati, privato delle camere con vista mare, dovette chiudere i battenti.

Oppure quando al signor Nissim Matatia, ebreo greco trasferitosi a Riccione, venne «suggerito» di vendere la sua bella casa che confinava con quella dei Mussolini. Convocato d'urgenza in questura a Bologna il commissario D'Antonio gli spiegò il da farsi senza tanti giri di parole. «La vostra residenza di Riccione costituisce un ostacolo per le serene vacanze del nostro amato Duce, un danno irrimediabile al prestigio dell'Italia in campo internazionale; è inimmaginabile che il Duce risieda vicino a una famiglia di ebrei. Dovete assolutamente vendere quella casa! Voi, subdoli parassiti, non potete né dovete avvicinarvi in nessun modo né a Lui né alla sua famiglia! La vostra presenza a Riccione disturba le vacanze del Duce.»

Ma non voglio annoiarvi con questi dettagli di piccole storie, forse di poco conto rispetto al quadro generale. Era solo per dire che comunque, al di là dell'entusiasmo generale, sotto sotto c'era un leggero filo di paura. E anche io, quella volta che il fascistino mi ha obbligato ad accomodare l'aereo del Duce, non mi sentivo proprio del tutto serenissimo.

Il motore

Arrivato in spiaggia carico la mia cassetta degli attrezzi sul moscone e remo fino all'idrovolante color argento, immatricolato I-Mare. Salgo a bordo e apro il cofano.

Io ho un sesto senso per comprendere i motori. Capisco meglio i motori dei cristiani. Perché il motore se lo ascolti, se lo tratti bene, non ti tradisce mai, magari qualche volta ti può lasciare a piedi ma la colpa non è mai la sua. Dipende da te che non gli hai voluto bene abbastanza. Tot dai, tot ricevi. Non puoi sbagliare, è una legge della motoristica. Che purtroppo non funziona altrettanto bene nel campo della umanistica. Con gli umani questa legge non viene quasi mai rispettata perché di solito non ti permettono neppure di aprire il cofano.

Guardo il Fiat A.24 di 750 cavalli, lo accarezzo, ascolto il suo rantolo, gli parlo dolcemente. Percepisco il suo disagio.

Non tiene il minimo.

E quando un motore fa così, è un gran brutto lavoro. Non ha più voglia di vivere. Soffre profondamente per lei: la valvola a farfalla.

Perché il motore è come un cuore pulsante. Nel motore stellato, il pistone pompa in tutte le direzioni poto-pom, poto-pom, e su e giù, e su e giù che pompa! È maschio il motore.

Ma il motore, come il cuore, è niente senza il cervello. E il cervello del motore è il carburatore. È intelligente il carburatore, raffinato, è lui che decide quanta aria e quanta benzina miscelare. È maschio anche il carburatore.

Ma attenzione, perché te puoi fare poto-pom quanto vuoi, puoi miscelare quello che ti pare, ma se la valvola a farfalla non si apre, il motore si ingolfa, il pistone si blocca, rigido sulla biella che non ruota nel collo d'oca.

E per regolare la valvola a farfalla c'è una vitina piccola piccola, ci devi andare proprio di fino, col cacciavitino quello piccolo, meglio ancora se lavori con le dita su questo pirulino zigrinato che stabilisce quanto deve stare aperta la valvola, per tenere il minimo, e quindi, aprendo, dare il massimo il gigler.

Avrete già capito la morale: più la farfalla si apre più il pistone pompa.

Vitelloni

A proposito di poto-pom, poto-pom, a Riccione c'era un gran lavorio in quegli anni. I turisti venivano da tutta Italia, da tutta Europa, da tutto il mondo e anche dall'estero. Turisti, ma principalmente turiste. Tante turiste. Ettari di turiste. Ce n'erano talmente tante che bisognava rizollarle. Era più l'offerta che la domanda. I vitelloni locali non riuscivano a dare sollievo a tutte queste povere donne forestiere. Occorrevano i rinforzi dall'entroterra. Per questo motivo, quando cominciava la stagione estiva, all'orizzonte sopra Riccione si intravedeva un polverone tipo gli indiani apache pronti all'assalto della diligenza. Da Coriano, Morciano, Montescudo, San Clemente e Scacciano scendevano a frotte a dare manforte alla manovalanza locale.

Tra questi latin lover faceva la sua bella figura Adoni Zelio.

Quando eravamo ragazzini, Zelio era il capobanda della nostra combriccola di adolescenti del Rio Melo. Leader carismatico. Alto, bello, biondo. Incuteva una gran soggezione a tutti. Ti faceva credere di saperla sempre più lunga di te. Più lunga e più larga. Guardava il mondo di traverso, sempre con gli occhi semichiusi, a causa del fumo della immancabile sigaretta che gli pendeva dal labbro. Zelio era uno dei pochi a non avere il soprannome anche perché appena qualcuno osava rivolgersi a lui con un «Tarzan» (per via della somiglianza con l'attore Johnny Weissmuller, interprete del famoso «Io Tarzan, tu Jane»), immediatamente partiva il cazzotto di Carugnaza messo in moto dallo sguardo in tralice di Adoni Zelio.

Marcaccini Ettore detto «Carugnaza» era lo scudiero e servo di Zelio. Lo guardava con un misto di ammirazione, riverenza e paura. Come il cane che, seppur pluribastonato, non riesce a staccarsi dal suo padrone.

Fattosi grandicello e ulteriormente robusto, Adoni Zelio divenne uno dei vitelloni di Riccione, playboy nostrani che di giorno frequentavano il Bar Zanarini di viale Ceccarini e la sera le feste danzanti nei locali alla moda e negli alberghi di lusso. Le signore villeggianti di buon grado accettavano la compagnia di questi bei ragazzoni imbrillantinati, elegantemente fasciati dai loro smoking bianchi.

Il copione di questi incontri nelle serate danzanti si svolgeva seguendo una partitura precisa:

- Villeggiante seduta al tavolo;
- Vitellone si avvicina e chiede il permesso di sedersi;

- Vitellone fa un complimento all'indirizzo di Villeggiante;
- risatina di Villeggiante;
- coppa di spumante per lei, bevanda arlecchina per lui (le parole «champagne» e «cocktail» erano messe al bando a causa del programma di autarchia linguistica);
- lui invita a ballare lei;
- Vitellone e Villeggiante ballano;
- Villeggiante e Vitellone tornano al tavolo;
- barzellettina spinta di lui, risatina vergognosa di lei;
- altra coppa di spumante per lei, altra bevanda arlecchina per lui;
- altro giro sulla pista da ballo;
- lui sussurra qualcosa all'orecchio di lei che si schermisce ma comincia a sudare nella parte superiore del labbro;
- tornano al tavolo;
- terzo giro di beveraggi per entrambi;
- Vitellone indica con la testa in direzione del mare invitando Villeggiante a una passeggiata al chiaro di luna;
- arriva il quarto giro di ordinazioni ma nel frattempo Vitellone e Villeggiante, alzatisi dal tavolino, stanno passeggiando in riva al mare;
- da lì in poi Vitellone improvvisa e Villeggiante idem.

Questa stessa scena si replicava tutte le sere a esclusione del sabato e della domenica quando, alla stazione ferroviaria di Riccione, arrivava il famigerato «treno dei cornuti», carico degli ignari mariti che, a conclusione della loro settimana lavorativa, raggiungevano le rispettive consorti, le quali li accoglievano con inusuale gentilezza e carineria, ben consapevoli del fatto che i loro amati sposi sarebbero poi ripartiti il lunedì mattina alla volta dei loro opifici o scrivanie.

Metamorfosi riccionese

Grazie al turismo, tutta la città si stava trasformando con grande velocità, come per magia. E magicamente le case diventavano pensioni, le ville diventavano alberghi. Così, dalla sera alla mattina. Di notte. D'altronde erano tutte costruzioni abusive. La magia trasfigurava anche le persone: il contadino la sera andava a letto e alla mattina si svegliava negoziante; l'artigiano si svegliava albergatore; l'insegnante… be', l'insegnante si svegliava e basta. Lo statale difficilmente molla il posto. Boia chi molla.

In quel tempo tutto sembrava possibile.

Come nelle ultime giornate di fine maggio o nei primi di giugno.

L'aria è di vetro. Ti va giù nei polmoni come le lucciole.

Ti sfrigola.

Non ce la fai a stare fermo.

Se cammini ti vien da correre.

Se parli ti viene da cantare.

Se ridi ti vien da piangere.

Se baci una donna ti vien da ridere.

Una metamorfosi.

Come quando il bruco si trasforma in farfalla. Avete presente?

Forse per la prima volta ci si accorgeva che grande fortuna poteva portare il turismo. Perché da noi, una volta, il mare era considerato quasi una sfiga. La terra sabbiosa poco coltivabile, le malattie... In quegli anni invece si scopriva che il mare nascondeva un grande tesoro.

Una volta, da noi, per dire vai in malora si diceva «*Va' a mareina*», vai a marina. Un *pustazz*, un postaccio dove c'erano solo i montaloni di sabbia, le dune, e come unica vegetazione le piante di gramigna triboloide o nappola delle spiagge, in Romagna conosciuta nella forma dialettale di *spuntacul*.

Questo nome deriva dal fatto che, all'epoca, a Riccione erano ben poche le abitazioni provviste di servizi igienici ed essendo quindi uso comune fare i propri bisogni dietro i montaloni di sabbia, lo spinone di cui era provvista la gramigna triboloide, standò accovacciati, spesso e volentieri, si attaccava nelle parti intime in prossimità della sacca maronaria. Fastidiosamente.

Dal mare solo miseria

Grande miseria anche come pesce. A Riccione c'erano questi poveri pescatori che partivano a bordo delle loro barchette con vele variopinte e trapezoidali, una roba che neanche i fenici erano messi così male. Portavano a riva un misero pescato: una cassetta con quattro sardoni, un mezzo sgombro e un po' di saraghina per nutrire i loro famigliari miserabili, che in confronto i Miserabili di Victor Hugo sembravano dei Rockefellers.

Le mogli dei pescatori le vedevi aspettare sulla riva. Scrutando i flutti. Incinte. Perennemente incinte. Già vestite di nero. Preventivamente. Con un nugolo di figli murgantoni e candelati che raccoglievano le vongole che in dialetto venivano chiamate *purace*, le poveracce, proprio per dire che era il mangiare dei poveri.

Riempire lo stomaco con le poveracce è un'impresa. Nelle famiglie più fortunate venivano usate come condimento per la polenta, una polenta lenta e giallognola modellata a forma di vulcano che veniva stesa su un tagliere disposto a centro tavola. Nel cratere centrale venivano collocate le vongole ripassate in padella con aglio e prezzemolo. Regola fondamentale: i commensali potevano servirsi delle *purace* solo dopo aver finito di mangiare la propria antistante razione di polenta. Se qualche bambino osava prendere le vongole fin da subito, immediatamente partiva lo scappellotto del padre che redarguiva il figlio indisciplinato.

«*Sgulvanid!*» Ingordo!

Dal mare solo miseria.

Gli inizi

Ma grazie ai soldi dei primi forestieri e alla naturale ospitalità dei riccionesi è fiorito il turismo. E fin dall'inizio Riccione ebbe ben chiara la sua vocazione.

A metà dell'Ottocento in tutto il Regno d'Italia erano previsti stabilimenti balneari separati per uomini e donne ed erano vietati i bagni promiscui. In spiaggia le signore indossavano braghe e camiciotti bianchi di lino e di cotone, e questi indumenti, una volta bagnati, lasciavano intravedere tutto il bendidio sottostante, boscaglia compresa. Riccione era in periferia di Rimini quindi i controlli risultavano più blandi, perciò lo spettacolo delle bagnanti che uscivano dal Mare Adriatico era già una bella attrattiva.

Poi ci fu un sacerdote, don Carlo Tonini, che per rivitalizzare la zona nel 1868 inviò un dépliant a tutte le parrocchie italiane. «Venite a Riccione che i bagni di mare e le cure salsobromoiodiche guariscono i bambini scrofolosi.»

Vennero aperte le prime colonie marine. La prima nel

1877 fu la Amati-Martinelli dove oggi sorge il Grand Hotel di Riccione.

Ma il grande sviluppo dell'industria vacanziera della Perla Verde si è avuto quando famiglie possidenti e altolocate decisero di prendervi la residenza o la seconda casa. Molti di questi signoroni appartenevano alla massoneria.

Tra questi Ernesto Nathan, sindaco di Roma e gran maestro della massoneria italiana e il professor Antonioli, illustre psichiatra, pure lui gran massone. Ma primo fra tutti i «grembiulini» a innamorarsi di Riccione fu il conte Felice Carlo dottor Pullè, padre del futuro podestà Frangiotto Pullè. Dai riccionesi ricordato come «il medico dei poveri», perché visitando i meno abbienti, il dottor Pullè non solo non voleva essere pagato, ma regalava medicinali, denaro, tagli di carne da brodo e pane di farina di grano che a quei tempi era riservato ai ricchi e agli ecclesiastici mentre contadini e popolino mangiavano piadina di semolino di mais.

Tra i suoi pazienti c'era anche Maria Boorman Ceccarini che egli, nel 1892, convinse a costruire un ospedale, sulla cui facciata volle affiggere una targa con la scritta: GUARIRE QUALCHE VOLTA, ALLEVIARE SPESSO, CONSOLARE SEMPRE. Che nulla aveva a che fare con il motto massonico «Ordine dal caos».

Si dice che Mussolini stesso fece domanda in segreto per essere accolto fra i «liberi muratori», sperando di diventare gran maestro d'Oriente. Ma la richiesta venne respinta e forse per questo motivo nel 1925 il Duce dichiarò la massoneria fuorilegge. E visto che c'era bandì pure il Partito socialista, il suo vecchio partito da cui era stato espulso. E poi ha proseguito a bandire, bandire, bandire… fino a quando, la situazione gli è scappata un po' di mano e si è bandito anche Lui.

In quegli anni furono molti i forestieri che fecero ottimi affari a Riccione. Tra questi il commendator Gaetano Ceschina, imprenditore milanese, che durante la Grande guerra aveva degli appalti per forniture alla Casa Savoia. I regnanti terminarono il conflitto quasi in bolletta e, non avendo i soldi per pagarlo, gli diedero in cambio della terra del demanio, chilometri quadrati di terra che non valeva niente e che invece, nel giro di breve, divenne una enorme fortuna.

Grand Hotel di Riccione

Al commendator Ceschina si deve il Grand Hotel di Riccione, progettato dall'architetto Rutilio Ceccolini di Pesaro alla cui realizzazione, avvenuta in soli cento giorni, collaborò anche l'ingegner Galeazzo Pullè.

Il palazzo, costruito in stile liberty con linee sobrie ed eleganti e decorazioni ispirate all'epoca classica romana, era contornato da un grande giardino, con tre campi da tennis e una vasta terrazza: comprendeva centocinquantacinque stanze riccamente arredate, che gli guadagnarono la definizione di «il più grandioso e moderno albergo della riviera romagnola» e attirarono la ricca clientela dell'élite fascista.

Qualche anno dopo, a fianco dell'edificio originale, venne costruita la Torre 900, che i riccionesi ancora oggi chiamano «il grattacielo». L'impianto architettonico, realizzato per la V Triennale di Milano del 1933, era rivoluzionario per l'epoca prevedendo l'uso di elementi in acciaio ricoperti di pannelli in cemento. Alla fine dell'esposizione la struttura fu smontata e portata da Milano a Riccione, per essere rimontata nel parco del Grand Hotel.

La Torre 900 era la sede della segreteria particolare del Duce e centro operativo di controllo e sicurezza della famiglia Mussolini. Persino le merci destinate alla villa venivano accuratamente ispezionate. Nessuna esclusa. Tanto è vero che anche quando la moglie del bagnino Corazza Pasquale preparava «il brodetto di pesce alla marinara» per i Mussolini, degli incaricati andavano a ritirarlo, ma prima di consegnarlo a donna Rachele lo facevano assaggiare ai bambini di casa. Magari mancasse di sale...

Pochi giorni dopo l'inaugurazione del Grand Hotel, il Ferragosto del 1929, si tenne un Gran ballo della stampa cui parteciparono personalità della politica, dell'arte e della letteratura.

A Riccione soggiornavano tante persone importanti, grazie al fatto che Mussolini l'aveva resa famosa. Per cui nobili, aristocratici, attori, puttanieri, industriali e intellettuali che prima sceglievano le località del Tirreno per trascorrere le loro vacanze, adesso, per non essere da meno, optavano per la cittadina romagnola.

Tra questi turisti famosi c'era Tazio Nuvolari. Asso del volante ed eroe della Mille miglia.

Mille miglia

La Mille miglia per me, appassionato di motori, era una roba mitica, una specie di *Odissea* ed *Eneide* tutto insieme. I giornali dell'epoca la descrivevano così: «Mille miglia; qualcosa di non definito, di fuori dal naturale, che ricorda le vecchie fiabe che da ragazzi ascoltavamo avidamente, storie di fate, di maghi, di orizzonti sconfinati. Mille miglia: suggestiva frase che indica oggi il progresso dei mezzi e l'audacia degli uomini. Corsa pazza, estenuante, senza soste, per campagne e città, sui monti e in riva al mare, di giorno e di notte. Nastri stradali che si snodano sotto le rombanti macchine, occhi che non si chiudono nel sonno, volti che non tremano, piloti dai nervi d'acciaio».

La Mille miglia passava da Riccione per la cosiddetta «Curva del fattore», una curva piuttosto insidiosa, a esse, che finiva in salita.

Tutta la gente si assiepava lungo la strada per vedere il

passaggio delle automobili da corsa. Le prime ad arrivare erano le Topolino, poi via via quelle più grosse dei piloti famosi: Campari, Arcangeli, Varzi, Borzacchini, Pintacuda, Ferrari, Brilli-Peri, Taruffi, Fagioli e appunto lui, il mitico Nuvolari.

I corridori transitavano per ore e ore fino a notte fonda. Gli spettatori aspettavano il passaggio delle auto con i lumi accesi, anche per segnalare la curva insidiosa. A volte capitava che, quando in lontananza si sentiva il rumore di un motore, qualcuno degli spettatori dicesse: «Presto, spegnete i lumi!». Non penso fosse per cattiveria, ma così, giusto per svariegare un po'. «Dopo che hai visto passare tante automobili, ci starebbe bene qualche bell'incidente per vincere la noia...»

Capitava quindi che ogni tanto qualche pilota tirasse dritto nei campi.

A quel tempo io abitavo proprio vicino alla Curva del fattore, a un abbaiare di cane dal passaggio della corsa, presso il casolare del contadino Manghin. Quando c'era un incidente mi venivano a svegliare nel cuore della notte.

«Vivadio prendi le bestie che c'è da tirare su una macchina con i buoi.»

E così, tira su una macchina oggi, tira su una macchina domani, un bel giorno ho deciso di aprire una mia officina, nella zona di Riccione chiamata Alba, fra il porto canale e il ponte sul Marano. Una piccola officina con un tetto tondo di lamiera, quasi in riva al mare, costruita proprio su un terreno del commendator Ceschina.

Alla mia formazione di meccanico ha contribuito inoltre il servizio militare durante la Grande guerra, nel reparto motorizzato in alt'Italia. Non ho sparato un colpo di pistola ma ho aggiustato tanti carburatori.

Manghin

La passione per i motori me l'ha contagiata il contadino Manghin, presso il quale, dopo aver lasciato il convento, vivevo e lavoravo, aiutandolo nei campi e con le bestie.

Il suo nome di battesimo era Domenico, Metalli Domenico, ma visto che era piccolo e mingherlino, Domenico era diventato Domenichino e da qui a Manghino, dialettalmente «Manghin», il passo era stato breve. Se fosse stato grande e grosso, sarebbe diventato Domenicone e quindi il soprannome adeguato sarebbe stato «Mangoun».

Manghin nella sua vita faceva solo due cose: lavorava e bestemmiava. Eccelleva in entrambe applicandosi con grande solerzia. Lavorava e bestemmiava contemporaneamente. Dalla mattina alla sera. Pure di notte, mentre arava la moglie. Per portarsi avanti coi lavori, riusciva a bestemmiare anche mentre russava. Faceva impressione la sua forza, nonostante fosse tutto pelle e ossa. Saliva la scala del granaio con due sacchi da cinquanta chili, uno per mano, come se fossero dei soffici guanciali. Sollevava il trattore senza usare il cric mentre io cambiavo la ruota bucata.

Il trattore era la sua passione e unica valvola di sfogo. La domenica mattina, quando tutti gli altri andavano alla Santa Messa, lui trascorreva le feste comandate smontando il motore pezzo per pezzo, oliando, smartellando e smadonnando. Era il suo rito liturgico domenicale e io, come un bravo chierichetto, lo assistevo passandogli gli attrezzi mentre lui si asciugava le mani unte sui paramenti sacri della tuta. In quelle ore passate ad ammirare il sacerdote Manghin è nata la mia fede nel motore.

Babbo, babbo!

Per questo anch'io, mentre aggiustavo il motore dell'idrovolante del Duce, mi sentivo un po' come un sacerdote. Un prete che confessa, che somministra i sacramenti (sperando non fosse il caso dell'estrema unzione). Controllavo ogni vite, oliavo ben bene ogni ingranaggio con l'olio di ricino, che è un ottimo lubrificante, poco infiammabile, suscettibile all'autossidazione. Grande invenzione l'olio di ricino.

Faccio tutto a regola d'arte, perché io sono uno preciso. Accarezzo ancora una volta l'idrovolante e amorevolmente lo saluto.

«Speriamo di rivederci presto… magari in volo!» Poi alzo gli occhi al cielo. «Dio dei motori, se da qualche parte esisti, un giorno fammi il regalo di poter volare. Te ne prego…»

Frrrrr.

Sento un rumore e alzo gli occhi.

Frrrrr.

Un aeroplanino da turismo con dietro uno striscione: W IL DUCE!

Torno a riva. Come scendo dal moscone e metto i piedi sul bagnasciuga, mi sento tirare per i pantaloni.

«Babbo, babbo!»

Abbasso gli occhi e vedo due bambini, un maschietto e una femminuccia, sui sei-sette anni. «Babbo, ma perché hai i capelli e la barba?»

A quel tempo avevo una capigliatura folta e un bel barbone. Solo in seguito mi hanno rapato a zero per l'esigenza di scena di assomigliare a Lui...

Guardo i bambinetti e son lì che sto per dirgli «*Ció burdel*, non sono mica il vostro babbo, io. Almeno che mi risulti...», quando in un istante realizzo che sono niente meno che Romano e Annamaria, gli ultimi due dei cinque figli di Mussolini Benito.

Furnarein

Come per incanto compaiono dal niente due omoni grossi che mi prendono sottobraccio. Uno mi dice: «Camerata, gradisca accompagnarsi meco. Trattasi di semplice controllo.»

Dal gergo capisco che sono della bass'Italia. Dall'abito nero capisco che sono quelli della «Presidenziale».

L'arrivo della famiglia del Duce a Riccione era sempre accompagnato da una squadra agguerrita di un centinaio di guardie incaricate di vigilare sulla sicurezza dei Mussolini e dei loro ospiti; a volte mimetizzati da bagnanti e da operatori, più spesso in completo nero. Spuntavano dappertutto e per questo noi riccionesi li chiamavano simpaticamente *furnarein*, scarafaggi.

Faccio la mossa di protestare e di liberarmi dalla stretta dei due *furnarein*, ma sento un coso freddo puntato dritto nelle mie costole.

«*Guagliò, statte accuorto*, altrimenti ti becchi 'na bella rivoltellata.»

Mi ammanettano e mi caricano su una Lancia Augusta, nell'indifferenza generale dei turisti che nel frattempo si abbronzavano, chiacchieravano, passeggiavano, leccavano ghiaccioli, sorbivano variopinti aperitivi con relativi ombrellini.

L'abitudine tipicamente italiana dell'aperitivo, che fa un po' da contrappunto a quella del tè degli inglesi, risale alla fine del Settecento e inizia con il vermouth artigianale prodotto da Antonio Benedetto Carpano, una delle bevande preferite del re Vittorio Emanuele II. Durante il fascismo, come abbiamo detto, alcune parole straniere vennero messe al bando, tra queste anche la parola «cocktail» che venne sostituita con «bevanda arlecchina». Il cocktail più in voga negli anni Trenta era l'Americano, rigorosamente a base di componenti italiane: 1/2 di bitter Campari, 1/2 di vermouth rosso e soda, una fetta d'arancia e una scorza di limone. Due gocce d'angostura. Era una bevanda addirittura raccomandata dal regime e deve il suo nome alla vittoria di Primo Carnera al Madison Square Garden di New York.

Vedete come tutto torna? Non so bene cosa, ma tutto torna...

Morale: nel mentre che vengo tradotto in manette nessuno dei turisti muove un dito per protestare o chiedere informazioni sul mio arresto. D'altronde è comprensibile, in vacanza non si ha tanta voglia di interessarsi a certe cose e io stesso fatico a dare torto agli indifferenti signori villeggianti, perché come si dice: «Il cliente ha sempre ragione». Perfino quando non gliene frega un marone.

Carugnaza

La Lancia Augusta si ferma davanti alla Casa del fascio in viale Ceccarini. Entriamo. In fondo all'ingresso c'è un armadio enorme. I miei rapitori lo spostano. Lì dietro è nascosta una porta segreta. Una scala scende in cantina, dove all'insaputa di tutti, i servizi segreti dell'OVRA avevano ricavato una prigione. Fredda, umida e buia. Solo una lampadina sbilenca che pende dal soffitto. Mi sbattono su una sedia. Poi i due arrestatori escono sbattendo la porta. Rimango solo. Impaurito. Cosa avrò mai fatto?

Mentre son lì in attesa di capirci qualcosa entra uno col camice da barbiere. Gli chiedo il perché della mia carcerazione.

«*Babbiere sono ma muto rimango.*»

Un barbiere silente è un ossimoro. Quasi impossibile obbligare un *figaro* a tenere la bocca chiusa, perlomeno in regime di democrazia. Anche questo lo possiamo senz'altro annoverare fra i grandi traguardi raggiunti dal fascismo.

Detto fatto, senza aprire bocca mi rapa a zero con quelle macchinette da tosare le pecore. Liscio come il culo di un bambino.

Passa ancora un bel po' di tempo e si riapre la porta delle scale. Nel rettangolo di luce vedo stagliarsi la silhouette del peggiore dei peggiori dei peggiori, la bestia umana Marcaccini Ettore detto «Carugnaza». Proprio quello che a scuola mi castigava con la fionda.

Non ho mai capito perché ce l'avesse così tanto con me. Una volta, per non farmi finire il compito, ha preso il mio calamaio e si è bevuto tutto l'inchiostro e come companatico si è mangiato la carta assorbente. Grande e grosso e *pataca* fino all'osso. Un vero *Gnorante* con la «Gn» maiuscola.

Mi gira intorno e alla fine, 'sta specie di Carnera, mi si piazza davanti nella tipica posa fascista a gambe divaricate.

«*Toh mò*, Pio Vivadio detto "Nullo". Sei sempre stato una nullità, fin dai tempi della scuola. Sempre pronto ad alzare la mano che...» E alza la mano.

«A noi» dico io pur non potendo alzare la mano ammanettata alla sedia. Pam. Mi molla uno schiaffone che mi gira la faccia dall'altra parte.

Questo saluto romano è un vero casino. Non sai mai quando è il momento giusto di farlo.

«Oh, figlio di nessuno, guarda che io mangio fuoco e cago cenere! A scuola ti castigavamo con la fionda. Ma adesso noi, ci siamo evoluti. I tempi sono cambiati! E giusto per farti capire chi comanda, noi...»

E loro, nel senso di lui, giusto per farmi capire chi comanda, prende un imbuto e mi dà una bella purgata facendomi bere un fiasco intero di olio di ricino. Nel ventennio la chiamavano la purga del sovversivo.

Glup, fiut, prac, poeterebbero i futuristi. Poi sghignazzando esce dalla prigione chiudendo la porta con un catenaccio a triplice mandata.

Trac, trac, trac!

Avrei voluto dirgli che non sono mica un sovversivo. Io faccio di tutto per stare nel mio. Io sono il campione mondiale di quelli che non vogliono avere rotture di coglioni. Avrei voluto spiegarglielo.

Stupidità

Ma cosa vuoi spiegare a uno così? Tempo perso. Perché contro la cattiveria ci puoi combattere ma contro la stupidità non ci puoi fare niente. Sei inerme davanti all'ignoranza. Chissà, forse è una legge di compensazione: davanti a ognuno che si erge ci deve sempre essere uno che si prostra. Un leone, cento pecore.

Quando parli con un stupido ti rendi conto che dietro i suoi occhi acquosi non c'è lui. Difatti quando parla non dice mai «io», dice sempre «noi». È posseduto da slogan e frasi fatte. Come parlare con un pezzo di ferro. Di' su, te hai mai provato a fare dei ragionamenti con un pezzo di ferro? Un pezzo di ferro puoi solo metterlo sulla brace ardente e prenderlo a smartellate. Fra incudine e martello forgiarlo dandogli tutte le forme che vuoi.

Deng, deng, deng! Pugnale, croce, ascia.

Deng, deng, deng! Fascio, falce, martello.

Deng, deng, deng! Se avanzo seguitemi! Deng, deng,

deng! Se indietreggio ammazzatemi, se faccio una finta – ma poi torno indietro – datemi un calcio nel culo, se infuria la battaglia... la battaglia...

A proposito, prima che mi passi di mente (che uno delle volte gli rimane la curiosità...): 2 agosto 216 a.C. Giorno, mese e anno della battaglia di Canne. La domanda della maestra. Romani contro cartaginesi.

Per la cronaca e per la storia, i nostri hanno perso per 6 a 0. Goleador: Annibale.

Oh, non avete un'idea di quanto mi piace la storia! A scuola prendevo sempre 10 e lode. Mi ricordo tutto. Date, nomi, cognomi, soprannomi. A me la storia mi piace perché c'è poco da discutere, quello che è successo è successo. È una materia ordinata, precisa, non ci sono opinioni ma fatti. Fatti, non pugnette. La storia è quella, uguale per tutti.

A onor del vero non proprio per tutti. Alcuni sostengono che la storia sia scritta dai vincitori e che, dato che ci sono, riscrivono anche la geografia. E l'italiano, la filosofia, la musica, la religione e le applicazioni tecniche... La matematica no, perché, come si sa, la matematica non è un'opinione. 1+1 fa sempre 2. Fino a lì siamo tutti d'accordo.

È con la radice quadrata di 16 fratto 17 che già le opinioni potrebbero cominciare a divergere...

Politica

Che poi è il suo bello che ognuno la pensa diverso. Io ho le mie opinioni politiche ma, come avrei voluto dire a Carugnaza, mi son sempre fatto i cazzi miei. Sono di ideali vagamente anarchici, credente ma non praticante, 'sto un po' in *camuffa*. Cosa volete da me? Ho fatto anche la tessera del Partito fascista!

Ah dì, se vuoi lavorare devi avere la tessera del PNF (che la sigla starebbe per Partito nazionale fascista o, come diceva il popolo, Per necessità famigliari o Per non morir di fame). A Riccione ce l'avevano tutti. Quasi tutti.

Adoni Zelio, segretamente detto «Tarzan», è stato uno dei primi a prenderla, seguito a ruota dal fedele scagnozzo Marcaccini Ettore. Zelio è sempre stato bravo a capire da che parte girasse il vento. Sempre pronto a indossare la casacca giusta. Che in questo caso, grazie all'ancestrale fascino della divisa provato dal gentil sesso, aveva il vantaggio di agevolare le operazioni di corteggiamento.

A Riccione erano ben pochi quelli che non avevano la tessera del PNF. Alcuni di questi usavano radunarsi la sera presso la falegnameria di Cesare Del Bosco detto «Cè ad Pistola», per discutere di politica e ascoltare Radio Londra.

Faceva parte di questo gruppetto di antifascisti Guglielmo Mulazzani soprannominato «Gumin», comunista anarchico, il nemico numero 1 per la polizia fascista.

Gumin di mestiere faceva il calzolaio. La gente gli portava le scarpe di notte perché si era sparsa la voce che, non avendo la tessera, bisognava farsi risuolare le scarpe da qualche altra parte. I Gumin, compresi i loro figli Vladimiro e Ginevra, tipici nomi anarchici, vivevano nella miseria.

Il povero Gumin, oltre ad avere la sfiga di essere comunista, era anche sciancato da una gamba. Faceva fatica a camminare e per muoversi usava una bici da donna con un pedale solo. La domenica girava per la campagna con la sua bicicletta sgangherata facendo dei comizi improvvisati, arringando le folle sui progressi del comunismo sovietico. Di tanto in tanto veniva arrestato, come misura preventiva, ma a lui non dispiaceva perché in galera a Rimini per pranzo gli servivano uova all'occhio di bue coperte di pepe, una prelibatezza che a casa sua se la sognavano. Qualcuno diceva che la moglie del Mulazzani Guglielmo, non essendo tanto contenta delle scelte politiche del marito, per vendicarsi del fatto che lui non prendeva la tessera del partito, andasse a fare gratuitamente le pulizie alla casa del Duce.

Ci sono delle priorità nella vita. Alla pancia, in tempi di prosperità non ci pensi, ma quando la fame avanza, capisci che riempirla è una priorità.

Consiglio pratico: in ogni caso non riempite mai la pancia con l'olio di ricino.

Infatti dopo che Marcaccini Ettore detto «Carugnaza» mi ha somministrato la purga del sovversivo, ho un bisogno impellente di smollare gli ormeggi del mio intestino. Ma per non dare soddisfazione al mio aguzzino, tengo duro. Ho una certa dignità. Stringo i denti, stringo il culo.

Il conte marchese

Intanto che sono lì a combattere con le mie budella attorcigliate, entra nella prigione un omino sui cinquant'anni, basso di statura, con il pizzetto alla D'Annunzio. Scende zoppicando dalle scale. Il Marcaccini scatta sull'attenti, sbatte i tacchi sprigionando scintille e prorompe in un tenorile «A noi!» che fa rimbombare tutta la stanza. Capisco subito che è un pezzo grosso del partito. In stivaloni neri e alta uniforme militare; sul petto sedici file di medaglie, stemmi, decorazioni e *patacchini* vari, frutto di atti d'eroismo compiuti nel corso della Grande guerra come quando, per esempio, durante il rinfresco di una parata militare, gli cadde addosso un gazebo procurandogli vaste ferite in tutta la parte sinistra del corpo. Risultato: occhio di vetro, gamba di legno, palla di gesso. Un eroe.

Mi punta gli occhi addosso. Due occhi neri, piccoli, cattivi. Mi correggo. Un occhio nero, piccolo e cattivo. L'altro, quello di vetro, è solo nero e piccolo, ma assieme a quello normale fa un pendant che si trasforma in cattivo pure lui.

«Stupefacente. Incredibile. Uguale sputato.» Lo dice con un sospiro che somiglia quasi a un'eiaculazione verbale. «Il sosia uguale identico di Mussolini. Oggi per me è come avere trovato una pepita d'oro. Come ti chiami?»

«Mi chiamo Pio Vivadio detto "Nullo"... ma è più che altro un soprannome che mi hanno dato così per ridere... non c'entra niente con la politica... che io non mi interesso di politica, ho la tessera del PNF... io mi interesso di motori e se il motore dell'idrovolante di Mussolini non è accomodato bene... però mi sembra strano perché io...»

«Ssst!» Il decoratissimo mi mette una mano sulla bocca. «Silenzio! Pio Vivadio detto "Nullo" da questo momento non esiste più. Sparito. Tu da questo momento fai quello che ti dico io, il Conte Amedeo Brogliacci Stupazzoni Gran Marchese di Sala Bolognese. Che se il Conte Amedeo Brogliacci Stupazzoni Gran Marchese di Sala Bolognese ti dice di alzarti, tu ti alzi. Che se il conte marchese ti dice di soffiarti il naso, tu ti soffi il naso. Che se il conte marchese ti dice di fartela addosso tu cosa fai? TU-CO-SA-FAI?!»

L'olio di ricino si distingue da altri oli vegetali per la viscosità relativamente alta e indipendente dal punto di fusione relativamente basso, essendo uno dei rari oli vegetali composto in prevalenza da acidi grassi insaturi idrossilati; ottimo per lubrificare i motori e come fluido idraulico in circuiti frenanti. Grande invenzione l'olio di ricino per la motoristica. Al tempo stesso, se ingerito ha un'azione particolare nell'intestino tenue dove viene metabolizzato e si trasforma in acido ricinoleico. In pratica, dopo un po' ti caghi addosso.

«Chiedo scusa eccellenza, ma non sono riuscito a trattenermi... Sa, un po' la tensione, un po' che ieri sera ho mangiato i fagioli con le cotiche, e forse la purga che mi ha dato...»

Tam! Marcaccini Ettore mi dà uno schiaffone.

Il conte marchese prende un taccuino dalla giacca e comincia a scrivere. Poi strappa il foglio e lo consegna al mio carceriere.

«Fagli scrivere questa lettera di suo pugno.» Poi si tappa il naso e zoppicando risale le scale. «... e soprattutto fallo lavare!»

Marcaccini Ettore prende il foglietto che gli ha consegnato il conte marchese e, mentre lo legge, ride sguaiatamente. Poi mi ordina.

«Prendi carta, penna e calamaro, e scrivi! Sotto dittatura!»

Il testo della lettera, che Carugnaza aveva un tantino adattato al suo livello di cultura, diceva così.

Addio alle suore

Montevideo, lì 10 giugno 1934

Spettabili Piccole sorelle della misericordia, come va? Tutto bene? Anche le galline?

Vi scrivo questa mia per ragguagliarvi in merito che sono andato in Uruguay. Sono venuto in idrovolante che facevano un raid e gli serviva un meccanico. Per cui ho deciso che mi fermo quivi. A Montevideo. Cittadina ridente e bellissima. C'è un monte. E si vede tanto bene. Da cui Montevideo.

La mia officina, se volete, la potete vendere. Sennò la mandate avanti voi che siete più maschiacci che altro.

Non mi cercate.

Con affetto,
Nullo

Le mie prigioni

Ma poi, ironia del destino, a Montevideo ci sono andato per davvero. Dieci anni dopo, quando nel 1943 sono riuscito a scappare dalla mia prigione.

Che è stata ben peggio di una prigione, una tomba. Potevo uscire solo di notte per passeggiare nel giardino retrostante la Casa del fascio o per aggirarmi nelle stanze deserte. Al piano superiore c'era un biliardo e una bella biblioteca con tanti libri, tutta roba fascista e molti libri di poesie, quasi tutte futuriste.

Ero sempre solo. Non vedevo mai nessuno a parte il conte Amedeo Brogliacci Stupazzoni gran marchese di Sala Bolognese, direttore di tutta la manovra, infatti il conte era funzionario della temutissima OVRA. OVRA stava per «Opera volontaria di repressione antifascista», la potente polizia segreta del regime, ma qualcuno diceva che il nome non fosse una sigla ma piuttosto una parola inventata da Mussolini stesso (o forse da D'Annunzio?...), per incutere timore e paura vista l'assonanza con la parola «piovra» e i suoi infiniti tentacoli.

Oltre al conte marchese, frequentava la mia cella Marcaccini Ettore detto «Carugnaza», il mio carceriere. Non era di grande compagnia. Gli argomenti di conversazione erano piuttosto limitati. Calcio, donne, fascismo; fascismo, donne, calcio. I primi tempi ogni tanto facevamo una partitina a dama. Ma siccome vincevo sempre io, un giorno si è arrabbiato e per vendetta si è ingoiato tutte le pedine. Una a una. Prima le bianche e poi le nere. Le nere con più cattiveria. Razzista.

Don Bastiano

Ogni tanto in carcere veniva a trovarmi un prete, un certo don Bastiano, cappellano di non mi ricordo quale parrocchia di campagna. All'inizio stavo un po' sul chi va là, ma poi, vedendo che durante le sue visite non tirava fuori né santi, né ostie, né madonne, mi sono tranquillizzato.

Era un pretino giovane, non di quelli che puzzano di incenso e di sagrestia. Un sacerdote moderno o forse addirittura modernista. Quando poi ho scoperto che si muoveva con la moto, una Guzzi Sport 15, mi è piaciuto ancora di più. E proprio a riguardo di madonne...

Un giorno don Bastiano stava giocando a calcio nel campetto polveroso della parrocchia. Mentre era tutto intento a dribblare i chierichetti tenendo sollevata la tonaca con le mani, si avvicina il sagrestano al bordo del campo. «Don Bastiano, la vecchia dei Matteuzzi sta dando gli ultimi. Vi aspettano per l'estrema unzione.»

Il pretino entra in possesso della palla e, dopo aver dribblato tutti i giocatori della squadra avversaria, mette la palla nel sacco alle spalle dell'incolpevole Baschetti Cleto, estremo difensore della formazione dei chierichetti. Quindi risponde al sacrista: «Chiama il parroco che io sono impegnato!».

«Già fatto, ma dice che non può, sta facendo il pisolino.»

Don Bastiano borbottando qualche litania poco religiosa all'indirizzo del parroco, molla la partita e si avvicina alla sua moto.

Il Guzzi Sport 15 è un motore fantastico:

• Motore:	monocilindrico orizzontale, 4 tempi.
• Cilindrata:	498 centimetri cubici.
• Alesaggio:	88x82 millimetri.
• Compressione:	4,6:1.
• Valvole per cilindro:	2.
• Alimentazione:	carburatore Amal 6-142.
• Raffreddamento:	ad aria.
• Potenza:	13,2 cavalli a 4000 giri al minuto.
• Avviamento:	a pedale.

Purtroppo questo meccanismo dell'avviamento a pedale è l'unico piccolo difettuccio del Guzzi Sport 15, datosi che il pedale della messa in moto è un po' duretto e a volte il contraccolpo può risultare un tantinello pericoloso. Tanto è vero che, nell'*Enciclopedia medica generale*, alla sezione «Ortopedia», è indicato come una delle cause più frequenti della frattura del malleolo.

Don Bastiano, già alterato per la prematura uscita dal campo di calcio e ulteriormente arrabbiato perché la Guzzi Sport 15, nonostante i suoi tentativi, non voleva saperne di mettersi in moto, dopo l'ennesimo rinculo a vuoto del pedale dell'accensione, tira una stecca di quelle che non si azzardano a dire neppure nei peggiori circoli comunisti e repubblicani. I chierichetti, all'udire il bestemmione del loro cappellano, si fermano di colpo, allibiti e immobili come delle statuine di sale. Don Bastiano non si scompone. «*Ció* bambini, quando ci vuole, ci vuole!»

Altro colpo di pedale, altra imprecazione e miracolosamente la Guzzi si mette in moto con in sella il pretino centauro sgommante nella polvere.

Sabbioni Elvira

Unica donna a frequentare la mia prigione era la signora Sabbioni Elvira, la donna delle pulizie della Casa del fascio. La Sabbioni Elvira era una brava donna. A casa sua preparava qualcosa da mangiare e me lo portava. Faceva dei passatelli in brodo che tuonavano. Per dieci anni mi ha accudito, come una mamma. Non aveva figli. In compenso aveva un marito che era un vero *pataca*. Sabbioni Remo detto «Svarzura». Il suo marito Remo era uno di quelli che non facevano mai un cazzo. Tutto il giorno al bar. In inverno. E in estate dietro alle tedesche.

Tornava a casa solo per mangiare. E pretendeva che non appena il suo culo si poggiava sulla sedia, contemporaneamente, nella stessa frazione di secondo, l'Elvira facesse atterrare la scodella fumante di passatelli sul campo d'aviazione della tovaglia.

La vita non era stata generosa con l'Elvira. Sempre a lavorare come una somara. Giorno e notte, notte e giorno, per mantenere il suo marito Remo e i suoi vizi.

Ogni tanto mentre puliva sentivo che diceva fra sé e sé: «Uomini? Tutti uguali. Preti, fascisti, socialisti...». «Elvira vieni che ti daremo la pace...» «Vieni che ti daremo la giustizia...» «Vieni che ti daremo ordine...» «Vieni che ti daremo...» «Ti daremo, ti daremo. Ti dà Remo. *In te cul* mi dà Remo!»

La Perla Verde

In sintesi la mia prigionia era una grande noia. Mi mancava particolarmente la mia Riccione. Che d'inverno non è che offra chissà quali svaghi, ma in estate si trasforma, diventa una farfalla; è un posto dove tutti si sentono accolti, si sentono a casa. Sia le persone famose sia quelle normali. Grandi e piccini, ricchi e poveri.

A me piace Riccione perché è precisa e ordinata, è il trionfo della simmetria. Con le sue strade rette e parallele, minuscole e alberate; le case tutte belle equidistanti, contornate di verde; le cabine sulla spiaggia, allineate come tanti soldatini; il tutto chiuso per chilometri tra ferrovia e spiaggia. La Perla Verde dell'Adriatico, un'autentica città-giardino, pensata e realizzata così già negli ultimi anni dell'Ottocento dal conte Martinelli e dal vivaista Cicchetti Vittorio. Un luogo ideale per lo svago e per il riposo dove la giornata ha un suo ritmo preciso che si potrebbe raffigurare come un idilliaco affresco poetico.

Riccione si sveglia presto.

Passano sul primo mattino scampanellando le servette in bicicletta, con la sporta della spesa infilata nel manubrio. Nei giardini degli alberghi e delle pensioni i forestieri consumano la prima colazione, spalmano sul pane burro e marmellata, sorbiscono caffelatte o cioccolata, all'ombra dei pini e dei tigli, su tovagliette a scacchi colorati, fra le aiuole fiorite.

Si alza il sole nel cielo puro e la spiaggia, in pochi minuti, si anima, si affolla, brulica. Le acque s'increspano sotto la brezza leggera. I bagnanti, in accappatoio, in pigiama, in costume, sono multicolori, come le caramelle nei barattoli di vetro dei droghieri. Passano i venditori ambulanti: le donne con le canestre delle paste nascoste da un velo bianco; l'uomo coi canditi lucenti infilati negli stecchini; il fruttaiolo con i grappoli delle banane gialle pendule da un bastone, tenuto a bilancia sulla spalla; il gelataio biancovestito col carrozzino pieno di granite, di sorbetti e di spumoni. Il bronzo dei corpi cotti dal sole ha riflessi di rame. I turisti appena arrivati si distinguono per la loro carnagione color squacquerone che spicca come un pupazzo di neve contro il giallo della sabbia, il verde del mare e l'azzurro del cielo.

La Perla Verde è una tempera dipinta a tinte piatte, a colori puri. La sua visione dà un senso di leggera ebbrezza, come un bicchiere di vino generoso.

Nella dolce ora del crepuscolo si colora di un lieve e malinconico acquerello. I bagnanti lasciano la spiaggia, le bagnine chiudono gli ombrelloni, slacciano e ammainano le tende, serrano le cabine. I bagnini riportano a riva i mosconi, si caricano sulle spalle i remi, a fasci, e vanno a riporli. La bassa marea lascia piccoli laghi, minuscoli stagni, oltre la carezza dell'onda che riflette nuvole rosa e pezzi di cielo infuocati. Sulla spiaggia ormai deserta restano solo gli innamorati e i poeti.

È notte. La gente affolla i marciapiedi, le strade del centro, i tavoli dei caffè, le terrazze e i giardini dove si balla. Da ogni parte arrivano note di ballabili, frenesie di swing, languori di tanghi, canti di violino. Nelle sale dei grandi alberghi, sulle terrazze fiorite, sulle piste circolari si scorge una folla di coppie danzanti. Sotto la luce delle lampade i vestiti di seta lucenti delle signore giocano coi raggi. Le pieghe degli abiti nel passo elastico della danza si distendono e si riformano, più chiare o più scure.

Laggiù il mare è un velluto nero, dove qualche barca solitaria dondola come una culla con a bordo i pescatori...

Consiglio pratico: non fate troppo caso a quei poveri pescatori, perché altrimenti l'idilliaco affresco poetico vi si trasforma in un miserevole quadretto prosaico.

Riccione è spiaggia e non altro che spiaggia con un unico grande albergo, con più piani, più corpi, più dépendance, più trattenimenti, per ogni portata, per ogni capacità. Otto mesi di intensa preparazione per solo quattro mesi di vita estiva, una gigantesca rappresentazione in più atti a soggetto costante. Gente che va, gente che viene, cambiamento a ogni arrivo e a ogni partenza di treno, a ogni macchina che si arresta e a ogni macchina che si avvia. Ogni persona che arriva continua la parte in scena di quella che è partita. Tutto predisposto: il sole, la spiaggia, il bagno, il tennis, la passeggiata in automobile, il ballo, la festa, il flirt. Tutto accade secondo il prestabilito di un ignoto autore, ma tutto con la perfetta illusione della massima individualità, dove ognuno fa quello che vuole, quindi finisce per fare naturalmente quello che tutti gli altri fanno, hanno fatto e faranno. Ed è questa forse la vera illusione dell'assoluta originalità.

Limpide acque

Questa era la Riccione di quegli anni, dove i turisti, ignari o forse dimentichi della mia prigionia e di tante altre cosette, si abbronzavano, chiacchieravano, passeggiavano, leccavano ghiaccioli, sorbivano variopinti aperitivi con relativi ombrellini. Insomma tutti si divertivano, danzavano e allegramente nuotavano nelle limpide acque del Mare Adriatico.

In quelle stesse limpide acque ci nuotava anche Mussolini Benito. Grande sportivo, Mussolini Benito. Cavallerizzo, spadaccino, appunto nuotatore. Era il primo a dare l'esempio perché sotto il fascismo la ginnastica era più importante dell'arte, l'educazione fisica di quella umanistica, i muscoli più del cervello. E Lui primeggiava in tutto. Un cinedocumentario dell'epoca racconta: «L'allenamento fisico sulla terra, nel cielo e sul mare costituisce lo svago preferito delle sue rare ore di riposo che Egli dedica allo sport. Abile cavallerizzo, temibile schermidore, intraprendente pilota di idrovolanti e sciatore provetto, non esiste sport dove il Duce non eccella. Particolarmente alta è poi la sua fedeltà al mare che egli non dimentica neppure nel periodo dei primi rigori autunnali».

In mare nuotava per ore con il suo stile alla marinara o a braccetto, distanziando gli altri nuotatori che provavano a stargli dietro tra i quali alcuni gerarchi che cercavano di emulare le gesta sportive del loro condottiero e, naturalmente, gli immancabili *furnarein*, gli scarafaggi guardie del corpo. Il gruppo dietro al Duce pian piano si sgretolava e a questo scopo veniva ingaggiato Venturini Edoardo che pilotava la barca «spazzatura». Alla fine Lui rimaneva sempre solo. Probabilmente perché il bagnino Corazza Pasquale che lo seguiva dappresso con il moscone, ogni tanto assestava qua e là, sulle teste dei nuotatori un po' troppo competitivi, qualche pacca col remo. Un po' lo stesso compito che aveva Marcaccini Ettore con Tarzan.

Grande sportivo, Mussolini Benito.

Match ball

Ma soprattutto a Mussolini piaceva giocare a tennis. Si era fatto costruire un campo privato nella sua villa in riva al mare di Riccione. Compagno di partite Eraldo Monzeglio, calciatore del Bologna e campione del mondo con l'Italia nel '34 e nel '38.

Attorno alla residenza dei Mussolini si aggiravano sempre dei ragazzi, amici e coetanei dei figli più piccoli del Duce e durante le partite di tennis facevano i raccattapalle. Alcuni di essi sostenevano, in modo maligno e disfattista, che Benito Mussolini non fosse un granché con la racchetta in mano: tirava delle belle legnate con il diritto ma per quanto riguarda il rovescio, zero. Zero boero. Non si sa se fosse per un discorso ideologico tipo «Noi tireremo diritto!» oppure per una semplice carenza tecnica. Il Monzeglio Eraldo, consapevole della manchevolezza del Duce, gli appoggiava la palla sempre dalla parte giusta e Mussolini con le sue legnate di diritto vinceva tutte le partite. Quasi tutte.

Quel giorno Eraldo Monzeglio non si trovava a Riccione e siccome il Duce voleva giocare qualche *game* (quando si metteva in testa una cosa la voleva fare a tutti i costi), una delle guardie presidenziali va dai raccattapalle. «Il presidente vuole fare una partita. Chi è il più bravino fra di voi?»

Tutti i ragazzini fanno un passo indietro lasciando in prima fila William Braga, il più bravino fra tutti. La guardia lo prende in custodia e lo accompagna in campo. Il Braga, intimorito dall'avversario, fa di tutto per perdere ma, nonostante gli sforzi, il ragazzino batte Benito Mussolini. Alla fine della partita i due contendenti si avvicinano alla rete e, come previsto dal galateo sportivo, si stringono la mano. Ma Mussolini non molla la mano del giovane tennista. Lo guarda fisso negli occhi per alcuni interminabili istanti e alla fine gli fa: «Te con me non giochi più».

Poi si allontana dal campo di gioco imprecando in dialetto romagnolo. William Braga è rimasto tutto il pomeriggio attaccato alla rete, fin quando i suoi amici lo hanno accompagnato a casa consolandolo amorevolmente.

«Sei stato proprio un gran *pataca*...»

Quella notte e diverse di quelle successive, il povero William non è riuscito a chiudere occhio. E i suoi genitori pure. Questo per dire che non è proprio vero che quelli erano anni felici e spensierati. *Mò va' là*. Sotto sotto serpeggiava sempre la paura e l'incubo di possibili rappresaglie.

Bèla spòsa

Come per esempio quella volta che il povero Cèch ha avuto una gran paura di essere arrestato.

Francesco Fattori detto «Cèch» era un giardiniere che lavorava per il vivaista Vittorio Cicchetti, creatore dei più bei giardini di Riccione. A lui e al figlio Augusto si deve in buona parte il bel verde della Perla Verde dell'Adriatico.

Un giorno Cicchetti diede istruzioni precise al suo operaio.

«Cèch, vai alla Villa Mussolini, dici alle guardie che ti mando io. Poi cerchi donna Rachele e le chiedi delle piante.»

Cèch appena arrivato alla villa vede una donna, con grembiule e fazzoletto in testa, che colpisce con il battipanni un tappeto appoggiato alla ringhiera. Educatamente si toglie il cappello.

«*Gì sò, bèla spòsa, quand avì fnì da mnè ma che pori tapèt, am ciamè la sgnora?*» Dite su, bella sposa, quando avete finito di picchiare quel povero tappeto, mi chiamate la signora?

La donna lo guarda poi si toglie il fazzoletto.

«*Gì pò sò, bèl'om, la sgnora a sò me!*» Dite pure, bell'uomo, la signora sono io!

Il povero Cèch rimane di sasso per qualche secondo, poi rimesso il cappello in testa scappa via senza aprire bocca. Arrivato al vivaio sfarfuglia al suo titolare.

«L'ho fatta grossa! Ho chiamato "bella sposa" donna Rachele... va a finire che mi mettono in galera... io là non ci vado più!»

E difatti non c'è più andato, nonostante donna Rachele avesse preso in ridere la sua *patacata*.

Donna Rachele

In Romagna c'è una parola che sintetizza in modo egregio la supremazia della donna nella famiglia matriarcale della cultura contadina. *Azdora*. In italiano corrente si potrebbe tradurre con «reggitrice», colei che amministra la casa con i suoi beni e le pertinenze annesse e connesse. E donna Rachele Guidi coniugata Mussolini era una vera *azdora*. Controllava tutto in prima persona: dai collaboratori domestici agli acquisti, dall'educazione dei figli ai lavori di manutenzione. A parte alcune fidate persone di servizio, Rachele non voleva nessuno attorno, tantomeno gerarchi o burocrati, neppure se era presente il marito. Quella che proprio non sopportava era la scorta che il Duce le imponeva in spiaggia: un agente per ogni figlio e due per lei.

Controllava, come poteva, anche le numerose ammiratrici che ronzavano attorno a suo marito. Perlomeno all'interno delle mura domestiche.

Durante i lavori di ristrutturazione della casa di Rocca

delle Caminate fa la conoscenza di Celestina, una giovane maestrina romagnola. Le fa una buona impressione e pensa di assumerla per i suoi figli, Romano e Annamaria, per seguirli negli studi e come insegnante di buone maniere. Celestina è timida, gentile e molto premurosa con i bambini.

Donna Rachele pensa di potersi fidare, vedendo che quando nomina il marito in sua presenza, la maestrina impallidisce, dimostra una gran paura, un vero terrore. Con lei non si sarebbe sentito odore di «bruciaticcio», il termine che donna Rachele usava quando vedeva qualche femmina gironzolare troppo vicino al suo importante marito.

Come era successo poco tempo prima con la Bice, una giovane cameriera toscana che aveva sorpreso in estatica ammirazione del Duce nel suo appartamento privato. Solo che la Bice era in camicia da notte e per questo motivo l'aveva licenziata in tronco.

Ma con la maestra Celestina si sentiva sicura. Troppo giovane, troppo precisina, tutta minutina, con i capelli a crocchio tirati su, gli occhialini da miope e le lunghe gonne indossate persino in spiaggia.

Normalmente donna Rachele e i figli maggiori pranzavano all'una; poco prima i figli piccoli con la Celestina. La famiglia raramente incontrava il Duce, che invece d'abitudine pranzava verso le due con un menù strettamente vegetariano e senza vino. Benito Mussolini non gradiva tanta gente attorno quando pranzava.

Un giorno donna Rachele è di ritorno a Riccione dai lavori di Rocca delle Caminate. Sono le due del pomeriggio e lei è accaldata e abbastanza arrabbiata. I lavori non proseguono come vorrebbe. Entra in sala da pranzo. Il presidente è seduto al suo posto abituale, contornato da grandi scodelle di verdura e di frutta, pane integrale e acqua minerale ma anche contornato, con sua grande sorpresa, dalla giovane, timida e modesta maestrina, seduta lì accanto a suo marito, con i capelli sciolti sparsi sulle spalle, senza occhiali e con un vestitino bianco piuttosto audace. Celestina ammira il Duce tutta in estasi con i suoi occhioni azzurri, occhioni che sbatte continuamente. Talmente tanto in estasi che non si accorge nemmeno dell'arrivo di donna Rachele.

Che la risveglia con un gran urlo. La ragazza balza in piedi, si mette le mani sulla bocca e fugge dalla sala con il suo vestitino bianco troppo stretto e, senza occhiali, inciampa dappertutto.

Quello stesso pomeriggio col suo abitino nero, il suo cappellino tondo in testa e la sua vecchia valigia di cartone in mano esce a piedi dalla Villa Mussolini per la stazione di Riccione piangendo a dirotto, mentre donna Rachele sta lì sul cancello dritta e scura in viso come una *azdora* che non ha paura di niente.

La Righina

Un'altra donna che a Riccione non aveva paura di niente era la Giulia Righini detta «la Righina». Gestiva con la madre Maria l'edicola e il banco del Lotto a Riccione paese e d'estate apriva un chiosco in viale Roma vicino all'Hotel des Bains.

Un giorno le si presentò un *furnarein* pretendendo la consegna dell'elenco di tutti i lettori dell'«Avanti», il quotidiano ufficiale del Partito socialista, del quale fra l'altro Mussolini fu giornalista e direttore.

Come ho detto i poliziotti del regime saltavano fuori in ogni momento e luogo, e non c'era possibilità di sterminarli nemmeno usando il metodo Berlese che in quegli anni il dottor Giuseppe Monti e Federico Pullè avevano studiato e messo in pratica per la lotta a mosche e zanzare, flagello dell'epoca e grande danno all'immagine della ospitale Riccione.

«Il cliente è sacro, a te non ti do niente!» disse la ragazza. Il poliziotto minacciò castighi e rappresaglie e la Righina, per nulla impaurita, gli urlò in faccia: «Ah sì? Allora io vado dal Duce». Detto fatto chiuse l'edicola, entrò come una furia nella Torre 900 pretendendo un incontro con sua eccellenza e quando il funzionario le chiese il motivo raccontò delle minacce subite e appoggiando le mani sulla scrivania concluse: «Io lavoro onestamente e non sono una vescica sfonda... io non faccio la spia. Dillo pure al tuo capo!». Uscì sbattendo la porta e tornò alla sua edicola. Da quel giorno nessuno le diede più fastidio.

In quel caso la disinfestazione degli scarafaggi aveva dato i suoi frutti.

In scena!

Le giornate di vacanza che Benito Mussolini trascorreva a Riccione erano piene di impegni e Lui era sempre in prima fila, a presenziare ricevimenti, inaugurazioni, cene e concerti. Ma in alcune circostanze, durante le quali il Duce sapeva che si sarebbe annoiato o per un qualche motivo non voleva partecipare, in quei casi, al suo posto subentravo io in qualità di sosia.

Non dovevo mai assolutamente parlare ma fare solo la controfigura di facciata, sempre stando attento perché in quelle occasioni il conte marchese non mi staccava mai gli occhi di dosso. E se sgarravo, quando tornavo nella mia prigione, erano botte e purghe. Così, quando c'era bisogno, si andava in scena. Arrivava una truccatrice da Cinecittà, perché somiglio a Mussolini ma non sono ugualissimo, sono quasi dieci anni più giovane di Lui. Più magro e slanciato.

Voglio precisare che di faccia può darsi che posso essere anche somigliante, ma di carattere no di sicuro! Che Mussolini di carattere era un dittatore e io i tiranni non li sopportavo. Non fino ad arrivare a dire: «A morte il tiranno!». Io sono sempre stato un temperamento anarchico ma la violenza non mi è mai piaciuta. No, io pensavo che bisognasse adottare un sistema più pratico. Per esempio fare un censimento.

«Te sei tiranno?»

«Allora metteteli di qua.»

«Per piacere, alzare la mano i tiranni...»

«Portateli via, non voglio sapere cosa gli fate. Fateli sparire.»

La mia idea era che il giorno che tutti i tiranni fossero scomparsi dalla faccia della terra tutti gli uomini sarebbero stati finalmente liberi e felici.

Addirittura pensavo che sarebbe stato giusto fare una legge per abolire la cattiveria!

A me mi puoi dire tutto tranne che sono cattivo. Pensa che a scuola quando sulla lavagna tiravano la riga, alla sinistra buoni e alla destra cattivi, o viceversa (dipende dai periodi), a me mi segnavano sempre fra i buoni.

I buoni seduti nei banchi davanti e i cattivi di dietro, nelle ultime file.

Io sono un bonaccione, uno che si adatta alle situazioni. Come si dice uno buono sia da uova sia da latte. E invece, scherzi del destino, mi sono trovato a comportarmi come Lui, da tiranno. Addirittura a fargli da sosia, il sosia di Lui!

Discorso... discorso...

Gli ingredienti erano sempre gli stessi. Affacciarsi a un balcone. Mascella in fuori. Sgranare gli occhi e con voce stentorea proferire roboanti parole.

Carugnaza insisteva che io dovessi tenermi sempre pronto un comizio di circostanza qualora mi fossi trovato nelle condizioni di dover parlare di qualcosa. Egli stesso aveva buttato giù alcune frasi tipo.

«Noi, e quando dico noi dico noi, non quegli altri! Non siamo qui per vendere ma per regalare. Qui lo dico e qui lo coso.

Italiani di terra, di mare, di palude e di acquitrino.

In quest'ora segnata dal destino... ora e dieci, ora un quarto al massimo, non di più perché dopo devo andare via che ho un giro di...

Basta!

Che se è l'aratro che traccia il coso è la vanga che lo rizolla e non dimenticate di innaffiare ma non troppo sennò la verdura diventa marcia.

E noi marceremo diritto. Con l'arma in pugno perché le nostre forze soverchiano il nemico: cinque contro uno.

E non faremo di ogni erba un fascio ma di ogni erba un cannone. Per questo tireremo diritto. Ostia se tireremo!

Meglio un giorno da pecora che cento da castrato. Meglio se con le patate perché il castrato con le patate è la sua morte! E quindi morte al tiranno! Pardon… morte all'oppressore… Anzi no… morte a… dopo vediamo. Con questo cosa volevo dire?»

Ammiratori

Tutti gli italiani, quasi tutti, andavano in delirio per i discorsi di Lui e anche all'estero il Duce aveva tantissimi ammiratori.

Gandhi ha detto di Lui: «Sfortunatamente io non sono un uomo superiore come il signor Mussolini». Thomas Mann l'ha definito un semidio, Lenin «il solo socialista che sarebbe stato capace di guidare il popolo italiano alla rivoluzione». Pio XI l'ha definito «l'uomo della provvidenza», Pio XII «il più grande uomo da me conosciuto e tra i più profondamente buoni». Winston Churchill «il nuovo Cesare del XX secolo e il più grande legislatore vivente». Kipling incitava gli italiani a seguirlo perché «per l'Italia il Duce è tutto». Per l'arcivescovo di Canterbury era «l'unico gigante d'Europa» e per Thomas Alva Edison «il più grande genio dell'era moderna!».

Tutti lo idolatravano.

Per forza, Mussolini era tutto e il contrario di tutto: socialista, irredentista, interventista, fascista, politico, scrittore, oratore, sportivo, spericolato, poliglotta, donnaiolo, padre di famiglia, stacanovista, metodico, pacifista, testardo, onesto, intransigente, antitedesco, antirazzista, filotedesco, razzista, guerrafondaio. L'unico vero credo a cui è rimasto sempre fedele è stato quello del potere. Il potere per il potere. In una occasione l'ha dichiarato espressamente Lui stesso, in dialetto romagnolo. «*Me a voi cmandè*»: io voglio comandare.

Debutto

Il mio debutto come sosia, non faccio per vantarmi, è stato un successone. Di pubblico e di critica.

Luglio 1934. Festa della mietitura. Nel piazzale della Vittoria di Riccione, dove quattro anni dopo si inaugurerà il Palazzo del turismo – una specie di EUR in piccola scala – progettato, secondo i canoni architettonici voluti dal regime, dal geometra Gogliardo Ossani, inventore tra l'altro di un materiale autarchico, il lincreo, molto simile al linoleum. Grande era la creatività littoria di quegli anni!

Nella mia prigione mi truccano per bene e mi vestono con un bel completo bianco, stivali neri e un candido cappello sul quale spicca lo stemma di un'aquila dorata.

Sintetiche e perentorie le istruzioni del conte marchese. «Ti portiamo in macchina sul piazzale della Vittoria. Scendi con fare deciso. Ricorda: petto in fuori, pancia in dentro, sguardo sprezzante, mento volitivo. Una bimba delle Piccole italiane ti consegnerà un falcetto. Tagli due spighe da un covone. Riconsegni il falcetto, sali sulla mietitrebbia per la foto di rito e torniamo a casa. Non aprire bocca. Qualsiasi cosa succeda, attieniti al copione.»

Carugnaza, per aiutarmi a memorizzare il copione, mi dà un gran cazzotto in testa. Naturalmente avendo cura di togliermi il candido cappello onde evitare possibili sgualciture.

Arriviamo al piazzale. Centinaia di cittadini e turisti sono accalcati per vedere il loro condottiero. Ci sono covoni di grano dappertutto, disposti secondo un preciso disegno geometrico. Mai visto un ordine così in campagna. D'altronde, con la fatica che fanno, i contadini non ci pensano proprio a fare belle coreografie con dei fasci di spighe.

In prima fila le Piccole italiane vestite con la loro divise e allineate con lo stesso ordine geometrico dei covoni. Tutto procede alla perfezione fino al paragrafo il cui copione recita «una bimba delle Piccole italiane ti porge un falcetto...» perché, abbassando lo sguardo volitivo, mi accorgo che la bimba in questione sta piangendo.

Ricordo bene le parole del conte «Non aprire bocca», ma è più forte di me.

«Perché piangi, bella bambina?»

La bella bambina tira in su col naso.

«Non ho i guantini bianchi come tutte le altre femmine...»

La divisa delle Piccole italiane, secondo i canoni stilistici voluti dal regime, era composta nell'ordine da:

- n. 1 berretto in maglia di seta nera;
- n. 1 camicetta a maniche lunghe in piqué bianco;
- n. 1 gonna in tessuto nero;
- n. 2 calze lunghe bianche;
- n. 2 scarpette nere con laccio abbottonato;
- n. 2 guanti di filo bianco.

«E perché non hai i guantini bianchi come tutte le altre?»

«La mamma Adele dice che non c'abbiamo i soldi. M'ha detto: "*Fatteli comprà da loro...*".»

So bene che dovrei girare i tacchi e andarmene ma come si fa a resistere di fronte alle lacrime di una bambina, bisognerebbe proprio essere una bestia per non volere il bene di queste piccole creature innocenti. Innocenti pur indossando la divisa di fascistine in miniatura. Cerco nelle tasche del bel vestito bianco se mai ci fosse qualche soldo, ma purtroppo sono vuote. È risaputo che Benito Mussolini gira sempre senza una lira in tasca. Allora mi rivolgo al conte marchese con fare risoluto e voce stentorea.

«Comprate immediatamente dei guantini bianchi per questa Piccola italiana!»

Il gerarca dell'OVRA strabuzza gli occhi, sia l'occhio buono sia quello di vetro. Le palle gli stanno fumando. Sia quella buona sia quella di gesso.

Insisto.

«È un ordine tassativo, le Piccole italiane devono essere tutte uguali, ne va del buon nome del Regime, dell'Italia e delle colonie tutte!»

Poi mi rivolgo ancora alla bambina.

«Come ti chiami? Hai dei fratelli?»

«Marisa, a casa siamo sette figli.»

Lasciata la bambina salgo con fare deciso sulla mietitrebbia accompagnato dagli applausi della folla. Il fotografo sta per scattare la foto ricordo. In basso sento uno che dice. «Vigliacca boia, la mietitrebbia non vuol partire!»

Mi chino per vedere quale sia il danno. Il conte marchese mi fa segno di lasciar perdere. Ma il mio istinto di meccanico e di sostituto del Duce è più forte della paura delle punizioni che mi potranno infliggere. Possibile che sotto il regime fascista esista qualche macchinario che non funziona? Ma siamo matti!

Tolgo giacca e camicia e a torso nudo scendo dentro le pulegge. La folla, vedendo tanta epidermide del suo beneamato Duce, è percorsa come da un brivido di eccitazione. In particolar specie la folla di sesso femminile.

Alla prima occhiata capisco subito dov'è il problema: una chiave inglese tiene bloccata una delle pulegge. Non penso che ci sia finita lì da sola, qualcuno deve avercela messa apposta per sabotare il macchinario... infatti vedo allontanarsi a passo svelto il contadino Manghin. Lui sì che se ne intende di motori.

Rimuovo l'attrezzo, sistemo la puleggia e poi risalgo in

piedi sulla mietitrebbia e, così come sono, a torso nudo e tutto unto di grasso, brandisco in alto la chiave inglese.

«Era tutta colpa sua!»

Vittoria! La folla è in delirio. Il suo condottiero ha fatto prigioniero un attrezzo nemico della perfida Albione.

Tornando in auto verso la prigione il conte marchese, visto il successo di pubblico e immaginando i titoloni con tanto di foto che sarebbero apparsi sui giornali, mi ha addirittura ringraziato per lo spettacolo.

«Bravo, hai saputo improvvisare, ma mi raccomando non fare mai più di testa tua. Perché altrimenti...»

Lo stesso Carugnaza mi ha fatto i complimenti. Mi ha dato un cazzottone in testa, questa volta senza nemmeno togliermi il candido cappello, tanto ormai la rappresentazione teatrale era finita, il vestito di scena non serviva più e il cappello andava bene anche sgualcito. «Pio Vivadio, non azzardarti più ad aprir bocca con dei discorsi a vanvera!»

Colonia reggiana

Per fortuna che mi sono capitati interventi senza dover fare discorsi ufficiali, come quella volta che ho fatto visita alla Colonia reggiana.

La Colonia «Amos Maramotti» dei Fasci di combattimento di Reggio Emilia fu inaugurata il 1° agosto 1932 dal Duce in persona. «Aria, luce e sole al popolo italiano.»

La struttura si trova in riva al mare al confine con Rimini. Costruita in appena novanta giorni su progetto dell'ingegner Costantini in perfetto stile razionalista, esempio di semplificazione e riduzione degli elementi in luogo della funzionalità. Può ospitare fino a cinquecento bambini. I padiglioni della colonia si sviluppano su tre piani con ampie finestre a sviluppo orizzontale e finestre circolari di gusto navale. Forse per questo motivo i bambini della colonia sono vestiti come dei piccoli marinaretti.

E come piccoli marinaretti li ho visti quando ho visitato la Reggiana sostituendo Mussolini che non poteva presenziare di persona per «sopraggiunti impegni di Stato». Così perlomeno aveva detto il conte marchese. Senza precisare di quale «Stato» si trattasse. Arriviamo verso le 13. I bambini sono schierati con ordine militare già dalle 11 della mattina, ora in cui era prevista la visita ufficiale del capo del governo. Purtroppo il programma ufficiale ha subito un ritardo di due ore per le operazioni del mio trucco e parrucco... Parrucco si fa per dire.

Il sole è alto in cielo e i suoi raggi picchiano senza pietà sulle povere testoline dei cinquecento bambini schierati nel piazzale antistante la colonia. In cielo volano i gabbiani.

Veniamo accolti dalla direttrice, la signorina Bardazzi Anna Giulia, una cavallona reggiana purosangue, in completo vestito di orbace nero, forse più indicato nella stagione invernale che in quella estiva. Neri sono anche i capelli raccolti a cipolla in cima alla testa, così come un'ombra di baffi che le contorna il labbro superiore leggermente imperlato di sudore per la calura meridiana. Mi accoglie con un energico saluto degno di un legionario romano. La sua stazza mi sovrasta di una spanna abbondante. Da come mi stringe l'avambraccio intuisco che sia dotata di una forza notevole.

«Si accomodi eccellenza, favorisca il giro di ispezione.»

È più un ordine che un invito.

Entriamo nella colonia. Un minimo di frescura. La direttrice ci fa strada con passo marziale. Il conte marchese con la sua gambina di legno fatica a tenerci dietro.

«Vede eccellenza, i tre corpi di fabbrica sono disposti in

diagonale rispetto all'andamento della costa, in modo da avere i prospetti maggiori orientati esattamente verso est e verso ovest, secondo l'asse eliotermico, come prescritto dalle norme igienico-sanitarie della tipologia edilizia.»

Per farmi meglio comprendere il dettaglio architettonico mi pinza l'avambraccio per girarmi verso il mare. Saliamo le scale. Il conte ansima aggrappandosi al corrimano.

«I padiglioni sono congiunti da due corridoi e i tre corpi scala semicircolari aggettanti risolvono i collegamenti verticali.»

Altra stretta al braccio. Comincio ad avvertire un certo dolore. Il conte suda abbondantemente schiumando come un cavallo al termine di un concorso ippico. La Bardazzi continua la sua visita guidata con passo da bersagliera.

«Infine il refettorio con il terrazzo...» Sentiamo un tonfo in fondo al corridoio. Mi giro e vedo il conte marchese sorretto da due inservienti che gli fanno vento con un giornale.

Finalmente usciamo nel piazzale. Noto diverse defezioni tra le fila dei bambini. Immagino che il caldo micidiale li abbia stremati. In cielo volano i bianchi gabbiani emettendo i loro caratteristici versi acuti. La signorina Bardazzi Anna Giulia, terminato il suo ruolo ufficiale si fa più informale. Ma non per questo è meno potente la stretta sul mio braccio.

«Vede, eccellenza, dicono che noi reggiani abbiamo la testa quadrata e pensano che sia un modo per offenderci, ma noi ne andiamo orgogliosi.»

Per rimarcare il concetto mi serra il braccio con la forza di una morsa da fabbro. Poi mi trascina verso la prima fila, di fianco a un bambino alto quasi quanto me. Effettivamente ha la testa quadra. Sta soffrendo per la calura ma stringe i denti. La direttrice gli molla uno sganassone sulla testa.

«Fai il saluto!»

Il poveretto alza il braccio e sussurra un «A noi» che sa di ultimo respiro. La direttrice gli molla una seconda pappina.

«Le presento Muzzarotti Paride, figlio di Muzzarotti Achille eroe reggiano della Grande guerra e membro della prima ora dei Fasci combattenti.»

Poi fa un cenno a un inserviente.

«E ora bambini il nostro beneamato Duce, prima di salutarci, ci allieterà con alcune note di musica.»

L'inserviente si avvicina porgendomi violino e archetto.

Aiuto...

Benito Mussolini si dilettava nello studio del violino. Qualcuno che aveva avuto la fortuna di ascoltare le sue esibizioni diceva che, più che suonarlo, il violino lo strapazzava. Ma io sono sicuramente peggio, mai preso uno strumento in mano...

Cerco disperatamente il conte, ma immagino sia ricoverato in infermeria. Lo sguardo della direttrice mi impone di prendere in mano lo strumento. Non ho la forza di oppormi alla valchiria reggiana. Comincio a segare le corde con l'archetto. I versi dei gabbiani, probabilmente indispettiti dagli sgradevoli suoni emessi dal mio violino, si fanno ancora più striduli. I poveri marinaretti vinti dal fastidio di questi suoni, dalla fame e dal caldo micidiale, cominciano a cadere a uno a uno, come falcidiati da una mitragliatrice tedesca Maschinengewehr 08/15. Ultimo a cadere, dopo avere eroicamente resistito, è Muzzarotti Paride, figlio di Muzzarotti Achille eroe reggiano della Grande guerra.

Finisco il mio straziante concertino. La direttrice, unica sopravvissuta, applaude entusiasticamente e prorompe in un «A noi!» che fa fuggire tutti i gabbiani. Mentre mi dirigo verso l'automobile in compagnia di due infermieri che sorreggono il conte marchese in preda a forti allucinazioni, la signorina Bardazzi Anna Giulia rimane per tutto il tempo rigida con il braccio alzato. Dall'ascella zampilla copiosa una fontanella di sudore.

Il livido sul braccio mi è rimasto fino ad autunno inoltrato.

Alfa Romeo spider

Ho rimpiazzato il Duce in tante altre occasioni all'epoca delle sue vacanze riccionesi. Nel frattempo che lo sostituivo, Mussolini Benito, quello vero, si sussurrava che usasse recarsi presso il Grand Hotel di Rimini a fare visita a Claretta Petacci, sua amante ufficiale. E non unica, stando a quello che mormoravano i maligni.

D'altronde Lui era un romagnolo verace, un vero amatore, di quelli che se non spurgano ogni due o tre ore, facile che gli viene giù il sangue al naso.

Il Grand Hotel di Rimini è uno stabile enorme, sorge con la sua imponente facciata liberty in un'area verde di pini e lecci in cui si trova la Fontana dei quattro cavalli. Noi ragazzini riccionesi ogni tanto andavamo a Rimini per vederlo e cercavamo di sbirciare dal cancello dell'albergo la vita lussuosa che si conduceva all'interno. Da fuori non si vedeva niente ma noi ci immaginavamo fantastiche storie di ricchezza, di lusso, di sfarzo orientale. Attorno al favoloso albergo circolavano tante leggende.

«Nel ristorante ci sono le posate d'oro massiccio.»

«Gli asciugamani e i lenzuoli delle camere non vengono lavati ma li buttano via con la mondezza.»

«Nei bagni ci sono due water!»

Quest'ultima diceria è stata poi smontata quando qualcuno ha spiegato che il secondo water non era nient'altro che il bidet, misterioso oggetto di igiene intima a noi sconosciuto. E la favola continuava…

Benito Mussolini al Grand Hotel ci andava in incognito. Il Duce teneva parcheggiata la sua auto al garage Centrale di Riccione, vicino al viale Ceccarini dove la famiglia Bologna con i fratelli Fifo, Roberto e Astro custodivano la sua Alfa Romeo 6C 2300 Pescara Spider Touring… gran bella macchina:

- Potenza: 95 cavalli a 4500 giri al minuto.
- Compressione: 7,75:1.
- Alimentazione…

Scusatemi, non voglio annoiarvi con i dettagli tecnici. In sintesi posso dire che la macchina del Duce era un'auto sportiva di colore rosso e quindi, essendo troppo riconoscibile, il nostro condottiero non poteva guidarla per andare a Rimini, l'avrebbero notato tutti. Allora si guardava in giro e quando vedeva una macchina andava dal garagista e gli diceva: «Bella questa macchina, me la impresti per stasera?».

Secondo voi è possibile dire di no a un dittatore? Quale coraggio e sprezzo del pericolo bisogna avere per non compiacere ogni desiderio del tiranno?

E così Mussolini partiva in incognito rombando a bordo di un'auto di chissachì. Erano poi casini belli e buoni quando il «chissachì», vero proprietario della macchina, arrivava a ritirarla mentre era stata «imprestata» al Duce. I garagisti erano costretti a inventare le scuse più incredibili.

«L'abbiamo dovuta portare in officina perché lo spinterogeno si è cosato... Il robo del differenziale non... c'ha presente quando fa quel rumorino... La farfalla, il pistone... il gigler... tutta robina tecnica che magari lei non è in grado di capire...»

Bugie, bugie. Tante bugie. Che più son grosse più la gente ci crede. E non si può tornare indietro, perché quando attacchi a dire delle balle poi per coprirle devi mettere su tutta una scenografia posticcia che però a volte basta un niente, basta una scorreggia per farla cadere.

Teatro degli Ottomila

Come quella volta per l'inaugurazione del Teatro all'aperto degli Ottomila, chiamato così perché poteva contenere ottomila persone a sedere, quattromila in platea e quattromila nella tribuna fatta con tubi «Innocenti»; innocenti non perché incolpevoli ma a causa del fatto che nel 1934 l'ingegner Ferdinando Innocenti aveva inventato questo particolare morsetto con cui giuntare i tubi.

Il teatro venne costruito proprio nel campo davanti alla Casa del fascio, dove si trovava la mia prigione. In due settimane hanno mietuto il grano, spianato il terreno e costruito tutto quanto. Appena due settimane. Più o meno il tempo medio che si impiega oggi a sistemare una poltroncina di un teatro italiano. Un'entrata imponente, tipo greco-romana. Tutta roba posticcia fatta in populit.

Il populit era un altro materiale autarchico, molto efficace per costruire in fretta, composto da lastre di agglomerati porosi di sostanze vegetali, fibre di legno truciolato, alghe marine eccetera impastate con del cemento. C'erano fontane enormi che sputavano fuoco, che però non era un fuoco vero ma fettucce di tessuto rosso illuminate da lampadine e mosse da un ventilatore. All'ingresso facevano la loro bella figura tre aquile imperiali in cartapesta. Il richiamo agli splendori dell'antica Roma non poteva mancare.

In prima fila il Duce, il podestà Frangiotto Pullè, arrivato con la sua Balilla con i cerchi d'oro e uno stuolo di gerarchi.

Col favore delle tenebre mi portano al gabinetto, un gabinetto privato costruito apposta per il Duce, dove quella sera sarebbe dovuto avvenire lo scambio di persona. Mi truccano e mi vestono per bene. La sera dell'inaugurazione va in scena il *Mefistofele*.

Come ho già detto, quella è stata l'unica occasione in cui ci siamo incontrati come «compagni di pisciata», o meglio, come si preferiva dire durante il ventennio, come «camerata di minzione».

Una curiosità: fra i tanti appellativi in circolazione usati per raffigurare il membro maschile, in Romagna usiamo anche il sinonimo *bega*. Sì, *bega*, proprio come per dire impiccio, grana o cosa fastidiosa. Infatti quella sera all'opera, quando Mesfistofele durante il primo atto ha cantato:

Son lo spirito che nega
Sempre, tutto;

L'astro, il fior.
Il mio ghigno e la mia bega
Turbano gli ozi al Creator.

Tutti gli spettatori hanno riso e applaudito! Satanasso, deve avere una gran *bega*...

E così, mentre Benito Mussolini sgommava verso Rimini alla volta del Grand Hotel, finito l'intervallo, al posto del Duce nella poltrona di prima fila mi siedo io. Doveva trattarsi di una comparsata di ordinaria amministrazione perché Mussolini sarebbe dovuto arrivare in tempo per sostituirmi prima della fine dell'opera. Tutto doveva filare liscio come l'olio. E io speravo in cuor mio che l'olio non fosse di ricino...

Ma quasi all'inizio del secondo atto accade un imprevisto. La soprano canta un'aria un po' melensa e, forse per ravvivare lo spettacolo, fanno entrare in scena una trentina di comparse vestite da alabardieri. Una di queste, un ragazzino, mi guarda fisso, si distrae, si inciampa, mi segna col dito e fa: «Lui è... lui è...».

Lo riconosco: il giovane alabardiere è uno degli aiutanti del contadino Manghin. Se mi scopre casca tutta la scenografia.

Per fortuna il conte marchese coglie subito il pericolo e mentre la giovane comparsa sta finendo di dire «Lui è... lui è...» il nobile gerarca si alza in piedi e a gran voce grida: «Lui è il Duce! Lui è il Duce! W il Duce!». E comincia a battere le mani.

Ottomila persone applaudono. Tutte in piedi. «Duce di qua, duce di là. Eja! Eja! Alalà!»

La tribuna fatta di tubi «Innocenti» traballa. Speriamo che tenga, altrimenti si potrebbe rischiare un'altra strage degli Innocenti...

Finisce il secondo atto e io mi alzo per andare al gabinetto. Forse un pochino in anticipo. Non era trascorso molto tempo dallo scambio di persona, ma meglio essere prudenti perché, come è risaputo, Lui è molto rapido, sia come pilota sia come amatore. Quasi precoce.

Piscio più a lungo che posso, chiamando a raccolta tutti i miei liquidi corporei, ma Mussolini non arriva.

Ritorno al mio posto e alla fine del terzo e del quarto atto ripeto la manovra del gabinetto. Alcuni spettatori, specie le signore, cominciano a farsi qualche domanda.

«Ma secondo te, sua eccellenza soffre di prostatite?...»

Diversa opinione hanno gli spettatori maschi.

«Hai visto che roba, ogni pausa è buona per una sveltina!»

Forse è questo il motivo per cui quando esco dal bagno per la quarta volta molti signori si alzano in piedi applaudendo eccitati.

Io a quattro ci devo ancora arrivare. In totale nella mia vita.

Siamo all'epilogo dell'opera ma Mussolini, il trombatore vero, non arriva. Lo spettacolo finisce.

Non so cosa fare. Mi guardo intorno in attesa di ordini precisi. Il conte si alza in piedi. «Bis! Bis!»

Ottomila persone. «Bis! Bis!»

Attaccano un'altra aria. Ma Mussolini niente.

«Tris! Tris!»

Altra aria, ma di Mussolini neppure l'ombra. Dopo mezz'ora di questa tiritera, il conte Amedeo Brogliacci Stupazzoni gran marchese di Sala Bolognese capisce che è ora di chiuderla lì, anche perché gli orchestrali sono sfiniti, i cantanti completamente afoni, il pubblico si è rotto le palle e pure al conte, pur essendo in possesso del solo testicolo sinistro, quello di gesso cominciava a creparsi.

Rinfresco

Il gerarca si avvicina zoppicando. Parla con un filo di voce, tagliente come una lama di coltello. «Adesso andiamo al rinfresco. Comportati bene. Non parlare con nessuno, non aprire bocca, altrimenti...» e indica Carugnaza che sbuffa e digrigna i denti appoggiato a una finta colonna romana in populit. Sbuffa talmente tanto che la colonna casca per terra e si rompe in mille pezzi.

Mi caricano sull'auto presidenziale e giù al rinfresco di gala presso il Grand Hotel di Riccione. Che per me è forse più bello di quello di Rimini.

Qui stringo mani, elargisco sorrisi.

Pochi per la verità. Dovevo sempre fare un po' il ghigno. Mussolini rideva poco, si dava un gran peso. Mascella in fuori e occhi sbranati.

Tutti mi salutano, mi omaggiano. Non conosco quasi nessuno di questi invitati nobili altolocati, aristocratici, attori, puttanieri, industriali e intellettuali. Vedo Adoni

Zelio che, nella sua elegante divisa nera, racconta storielle spinte in mezzo a un gruppo di signore di mezz'età. Lui mi guarda, sbatte i tacchi e mi saluta col braccio alzato. Non mi ha riconosciuto, forse tratto in inganno dal fatto che non ho barba e capelli.

Assolto il mio incarico di controfigura con gli ospiti della festa, esco sul terrazzo del Grand Hotel per prendere una boccata d'aria. La luna è alta in cielo. In un angolo c'è un'orchestrina. Stanno suonando un brano jazz, roba americana. Non dico vietata ma perlomeno non in linea col repertorio littorio.

I suonatori, accortisi della mia presenza, interrompono bruscamente il brano e attaccano *Giovinezza*. Faccio segno di lasciar perdere. Tirano un sospirone di sollievo e ritornano alle note americane.

Mi apparto in un angolo a respirare l'odore del salmastro portato dal garbino. All'improvviso le mie narici subiscono un trauma olfattivo. Un profumo di fiori. Giglio. Mi giro verso il mare e ho la visione. Là, contro la luna, appoggiata alla balconata con dietro lo sfondale del mare, mi si staglia la donna più bella che ho mai visto in vita mia.

Nives

Nives Quadrelli Curzi.

Alta, bionda, capelli sfusi.

Le donne si dividono in due grandi categorie. Come le viti. Avete presente? Possono avere l'innesto per il cacciavite piatto oppure a stella. Ci sono degli uomini che si accontentano di quelle piatte, altri invece che vogliono la stella, che in ogni caso deve avere il filetto adatto perché se la vite non trova il buco giusto non entra di sicuro, a meno che tu non la pianti dentro a forza di martellate, ma allora così spacchi tutto, compresa la filettatura.

Esistono poi le donne a brugola, e lì sono cazzi.

La Nives Quadrelli Curzi era a stella. Una meraviglia della meccanica. Occhi verdi come le spie degli anabbaglianti, labbra carnose come l'imbottitura dei sedili di un'Alfa decappottabile, seno prosperoso e pieno come... a occhio e croce 2,2 atmosfere: 2,2 davanti e 2,4 dietro. Anche il retrotreno è perfetto. Tutta perfetta. Pronta da mettere in strada… non nel senso di… be', insomma avete capito.

Per la verità la signorina Nives l'avevo già conosciuta quando facevo il meccanico. Suo babbo, il commendator Evaristo Quadrelli Curzi, era un ricchissimo imprenditore di caramelle e dolciumi, e mentre lui faceva avanti e indietro tra la sua fabbrica e Riccione, il resto della famiglia trascorreva le vacanze in una bella villa liberty in viale Trento Trieste.

Un giorno il commendatore mi manda a chiamare perché la sua Bugatti Tipo 35 aveva un problemino al motore, non teneva il minimo. So bene che vorreste sapere le specifiche tecniche dell'automezzo… magari un'altra volta…

E intanto che accomodo la Bugatti del commendator Quadrelli Curzi, vedo per la prima volta sua figlia Nives. Più che la vedo, la sento. Piegato sotto il cofano a smartellare sul carburatore, le mie narici percepiscono un profumo di fiori, una fragranza… come di giglio. Alzo la testa e… bom. Gran testata sul cofano. Vedo la Nives Quadrelli Curzi. Campane, trombe, squarci di sole, cori angelici. Nonostante il dolore mi sembra di essere in paradiso. Una donna di una bellezza!… Ma soprattutto 'sto profumo. È lì, in piedi davanti a me col suo vestitino a fiori, un mazzo di gigli in una mano e un mazzo di libri nell'altra. Una pila di libri alta così, tutta roba di poesia.

«Le piace la poesia, signor meccanico?»

Hai voglia, penso io.

«Tenga questo libro, lo legga. A me ha cambiato la vita.»

Fa una risata meravigliosa. Trattengo il fiato. Mi affogo nel verde dei suoi occhioni. Una Madonna.

Ci sono delle volte che ti senti come se ti mancasse qualcosa, come un vuoto interiore, come una bolla d'aria dentro al cilindro. Cerchi il guaio e non lo trovi. Smartelli, *scancheri* sul motore ma non rimedi niente. Fin quando, come per miracolo, trovi la risposta. Ecco, è una piccola vitina a stella, è proprio lei che cercavo, era lì e io non sapevo nemmeno che esistesse.

Nives per me è stata questo: era lei che stavo cercando, senza rendermene conto.

Dalla stanza accanto arriva una voce di donna. «Nives, sbrigati perché altrimenti facciamo tardi alla messa.»

Ah, la messa... Anche le stelle possono avere qualche difettuccio. Spero però che non sia una roba grave modello «santamariagoretti».

Nives fa un altro sorriso, una piroetta e va via col suo vestitino a fiori lasciando dietro di sé questo effluvio.

Son rimasto lì, come un *pataca*, con la mascella cadente finché si è fatto buio. Guardo il libro. Giacomo Leopardi. Gobbo e segalitico. E per giunta marchigiano.

Nel frattempo torna il commendator Quadrelli Curzi.

«Guardi che non pago a ore, pago a forfait.»

Finito il lavoro sulla Bugatti sono tornato alla mia officina ma l'incontro con quella donna mi ha scombussolato la vita, tutto il mio ordine è andato a farsi friggere. Disordine totale.

Chiave a pipa del 12? Non la trovo.

Pinza a grip? Boh.

Brugola del 7? Persa. Avrà fatto la stessa fine del martello.

Non riuscivo più a ragionare. Tutti i giorni passavo davanti alla villa di viale Trento Trieste per cercare d'incontrare nuovamente la mia bella Nives, o perlomeno di sentire il suo profumo.

Non l'ho più rivista.

La corte sul terrazzo

Fino a quella sera sul balcone del Grand Hotel di Riccione.

Ma questa volta non sono nei panni di Pio Vivadio detto «Nullo», professione meccanico e piuttosto imbranato col gentil sesso. Adesso indosso i panni del Duce!

Mentre l'orchestrina parte con il tango *A media luz*, mi metto a posto l'alta uniforme, raddrizzo il fez, lucido le medaglie e sotto le mentite spoglie di Benito Mussolini mi presento.

«Signorina, permette? Ci siamo già conosciuti da qualche parte?»

Uno splendore. Abito nero da sera. Capelli tirati su, non sfusi come la prima volta che l'avevo vista. Al collo una catenina d'oro con crocifisso di madreperla morbidamente adagiato sul décolleté.

Prendo la mano e la bacio. Non mi riconosce... Quella volta a casa sua avevo barba e capelli. Il suo profumo! Intanto che sono piegato rimango quasi stordito dal profumo.

«Che emozione, eccellenza! No, non ci siamo mai presentati. Ci siamo incontrati altre volte ma non pensavo che potesse interessarsi...»

Mi fissa così intensamente che rimango quasi ipnotizzato, fisso sui suoi occhioni... a parte quando lo sguardo mi scivola sul Cristo madreperlato e su quello che gli sta attorno.

«Ma come ho fatto a non accorgermi di una bellezza così sublime, un fiorellino...»

Con la coda dell'occhio vedo il conte marchese che esce in terrazzo. A quel punto mi mancano le parole... ma è solo un attimo. *Mò* vigliacca boia, sono o non sono il sosia di Benito Mussolini?! E a Lui gli si può rimproverare tutto ma non che non sapesse trovare sempre le parole giuste. Soprattutto con le donne. Pesco nel vasto repertorio oratoriale di Mussolini le frasi che mi sembrano più adatte alla circostanza.

«Esprimo il mio più vivo compiacimento per la sua meravigliosa figura. Compiacimento estendo madre, padre, famiglia e parentela tutta.»

Nives ride. Le prendo la mano e gliela bacio di nuovo. Più intensamente.

La Nives arrossisce.

«Eccellenza!»

L'orchestrina attacca un languido smorzone. *Abat-jour.* Il nobile gerarca fa qualche passo verso di me. Ma io non arretro di un centimetro. Boia chi molla. Continuo con il repertorio mussoliniano. Pugni ai fianchi, gambe a V, mento alla chissenefrega. Alzo la voce di qualche ottava.

«Come avrà saputo, signorina, noi abbiamo bonificato le paludi pontine, vinto la battaglia del grano, fatto arrivare i treni in orario, le biciclette non vengono più rubate… a parte qualche rarissimo caso sporadico. In poche parole abbiamo dato una bella risistemata all'Italia. Ma noi, di fronte alla sua bellezza, diciamo che lei non ha bisogno di nessuna bonifica; lei è più che bonificata, è bonifichissima…»

Lei ride. E arrossisce. Che bella risata che ha.

«Cara la mia Nives…»

Nives sobbalza. Sobbalzo un po' anch'io. Sobbalza anche l'orchestra che smette di suonare. Ho detto una cazzata… Il conte marchese, non sapendo come reagire, si mette a guardare i gerani sul balcone e fa segno all'orchestra di riprendere a suonare.

«Scusi, eccellenza, ma come fa a sapere il mio nome?»

Dunque, cosa farebbe il mio alter ego in una situazione come questa? Il vero Lui cosa direbbe? Chissà quante merde avrà pestato in vita sua e come ne sarà venuto fuori. Mi viene un colpo di genio.

«Be', sono o non sono il vostro Duce! E il vostro beneamato Duce vuole che non sappia a memoria il nome di tutti i riccionesi e dei bagnanti estivi? Senta un po' qua. In ordine alfabetico: Abner Pascucci, Adamo Minghetti, Nives…»

Il gerarca si avvicina. Tossisce forte. Si inchina. «Mi permetta, eccellenza, dobbiamo andare, sa quell'affare di Stato con l'ambasciatore…»

«Dica all'ambasciatore che ci vediamo domani. Non ho più bisogno di niente. Può andare.»

«Ma eccellenza, mi permetta, quella persona che lei ben conosce... Lui... è arrivato e vorrebbe prendere il posto che gli spetta di diritto...»

Mi immagino il Duce fremente, magari in un gabinetto, in attesa di riprendere il suo posto legittimo.

«Ho detto domani! Nives...»

Il conte mi guarda tra il disperato e il supplichevole. «Eccellenza...»

«Vada! A noi!»

Il conte Amedeo Brogliacci Stupazzoni gran marchese di Sala Bolognese si allontana zoppicando.

L'orchestrina passa al più vivace *Tango delle Capinere*.

Il bandolero stanco
Scende la sierra misteriosa
Sul suo cavallo bianco
Spicca la vampa di una rosa

Bacio d'azzardo

E noi stiamo lì sul terrazzo sotto il chiaro di luna a parlare, parlare, parlare. Più che altro parlava lei. Bella e intelligente. Io stavo a sentire. Tutta roba *tamugna* che però lei la faceva andare via liscia come quando il pistone è bello unto. Era un pozzo di scienza poetica: Petrarca, san Francesco, Foscolo, Leopardi… Faccio di sì con la testa.

«Leopardi Giacomo certo, marchigiano, ho ben presente. Tempo fa mi hanno regalato un suo libro, che purtroppo non ho ancora avuto occasione di finirlo. Sa, impegni di Stato, guerre, scaramucce varie…»

Poi mi attacca tutto un bottone su Dante Alighieri: inferno, purgatorio e paradiso… bello eh, però, a un dato momento, giuro che mi sono perso. Non siamo ancora arrivati al purgatorio che, con la coda dell'occhio, vedo ritornare sul terrazzo il conte marchese, questa volta accompagnato da Marcaccini Ettore e da un drappello di camicie nere. Mi preannunciano il mio, di purgatorio.

Capisco che è ora di stringere.

«Nives, a malincuore la devo lasciare. L'ambasciatore mi aspetta.

Ma se l'ambasciator non porta pena
Porterò io per sempre meco
Questa pena nel cuore ancora
Fino quando non ci incontreremo ancora.»

Ancora/ancora. Colto la rima, che poeta, eh? A me Leopardi mi fa una pugnetta.

E lì azzardo. Non so dove trovo il coraggio. La stringo forte tra le braccia e la bacio! Lei mi sembra cedere, poi si ritrae. Il gerarca e il mio carceriere si pietrificano. Fanno pendant con le statue finto greco-romano che decorano il terrazzo del Grand Hotel. Il manipolo di camicie nere invece, ignare e leggermente eccitate, erompono in un fragoroso: «Eja! Eja! Alalà! W il Duce. Du-ce! Du-ce! Du-ce!».

Marcaccini Ettore detto «Carugnaza» si dispietrifica, mi afferra per un braccio e senza tanti complimenti mi porta via. Scendendo le scale incrociamo Adoni Zelio avvinghiato a una donna con un vestito che si ispira alla carta stagnola di un cremino FIAT della Majani. All'istante decido che se devo uscire di scena, meglio farlo alla grande. Mi divincolo e batto sulla spalla di Adoni. «Oh Tarzan, non sei più quello di una volta. A quest'ora una così te la dovresti essere già chiavata!»

I due amanti mi guardano esterrefatti. Casca la sigaretta dal labbro di Zelio. Il cremino FIAT si squaglia.

Mentre mi allontano assaporo sulle mie labbra il meraviglioso bacio di Nives.

In lontananza le malinconiche note di *Blue Moon*. Sfumando.

Fine del sogno

Tornato in prigione non mi han detto niente.

Niente. Niente… ma mi hanno dato tante di quelle botte, tante di quelle botte e tanto di quell'olio di ricino che a un certo punto hanno dovuto darsi il cambio per potersi riposare. Carugnaza poi, di suo, ci ha aggiunto un'altra bella dose abbondante, giusto per vendicarsi dello sgarbo fatto a Tarzan.

Avevo quasi paura che mi volessero ammazzare. Ma loro non potevano uccidermi. Eh no, loro avevano più bisogno di me di quanto io avessi bisogno di loro. Brutti fascisti. Lì ho capito che in un certo senso li avevo in pugno, erano in mio potere! Cosa c'è di più esaltante, di più eccitante del potere?

Ma quella esaltazione col passare dei giorni e il sopraggiungere della noia è durata ben poco.

Ohi, ti voglio vedere a te rinchiuso in uno scantinato a pensare alla bella Nives e leggere il libro che mi aveva regalato con le poesie di Giacomo Leopardi. Più che esaltazione era una sgonfiazione.

Materia femminile

Dicono che il poeta marchigiano avesse con le donne un rapporto non del tutto sereno. Quasi morboso. Forse per questo motivo si sfogava nelle poesie, per esempio *Il passero solitario*.

Al contrario, il suo collega Gabriele D'Annunzio, quello che «piove sulle tamerici salmastre», con le donne, ci andava d'accordo. E anche un bel po'. Con chi invece non andava d'accordo era proprio Mussolini Benito. Erano come due galli in un pollaio e il pollaio dell'Italia risultava persino troppo piccolo per loro due. Sul finire della carriera il Vate si è ritirato a vita privata nella sua villa di Cargnacco, sul Lago di Garda. Pare che il Duce, riferendosi al fatto che il governo fascista gli passava un bel vitalizio, abbia detto di lui: «D'Annunzio è come un dente guasto: o lo si estirpa o lo si ricopre d'oro».

D'Annunzio Gabriele, principe di Montenevoso, scrittore, poeta, drammaturgo, militare, politico, giornalista e patriota fu un grande giocoliere con le parole che sotto le sue sapienti mani si trastullizzano in inventamenti e scaravoltazioni mirabolevoli, spesso cambiando di genere: la Piave diventa il Piave, l'automobile diventa femminile. Il Vate fu inventore di marchi commerciali come La Rinascente (femminile), Saiwa, penna Aurora e liquore Aurum. Inventa nomi propri come Liala, Ornella e Cabiria; parole come scudetto, tramezzino (al posto di sandwich), bevanda arlecchina (al posto di cocktail), vigile del fuoco, milite ignoto, carlinga, fusoliera, multiplano, rullio, triplano, virata, e altri neologismi come marmoreo, saettoso e curioso. Fu testimonial di Montenegro e Amaretto di Saronno. Pure il saluto romano fu reinventato da D'Annunzio e venne usato nel 1919 dai suoi legionari fiumani. Un genio, un vero professionista dell'*ars inveniendi* oltre che dell'*ars amandi*.

Nella quale io purtroppo ero solo un povero dilettante, un livello amatoriale nell'arte amatoria. Non sono mai stato esperto nell'approccio al pianeta femminile e per questo ho sempre invidiato la naturalezza e la facilità con cui Adoni Zelio otteneva le sue conquiste. Era come quegli studenti che quando sono interrogati alla cattedra parlano a briglia sciolta e rispondono senza indugi alle domande del professore. 10 e lode. Durante il compito in classe non staccano mai il pennino dal foglio, fluidamente scrivono e per primi consegnano il foglio protocollo. 10 e lode. Zelio era uno scolaro modello, primeggiava nella teoria e nella pratica. Io me la cavavo benino a livello teorico, soprattutto grazie ai racconti delle avventure dei miei compagni più grandi. Della materia pratica ero un po' digiuno.

Il mio primo esame sul campo è andato un po' così così. Non dico proprio da bocciatura ma da essere rimandato a settembre. «Vivadio Pio è bravino, ma si dovrebbe applicare di più.»

La prima volta

Quel giorno avevamo appuntamento all'osteria di fianco alla pesa, nella piazza di Riccione paese. Adoni Zelio e tutta la combriccola sono tirati a lucido con brillantina e vestito della festa. Compreso Marcaccini Ettore detto «Carugnaza». Solo che giacca e pantaloni gli vanno un tantino corti: le maniche gli arrivano a metà del braccio e le braghe poco sotto il ginocchio.

Tutti sono pronti per andare al bordello di Rimini. Era arrivata la «quindicina», il camioncino scoperto sul quale ogni quindici giorni arrivavano le nuove ragazze.

Io avevo da poco compiuto i diciotto anni e tutta la compagnia mi prendeva in giro perché ero ancora verginello. E così, per non essere da meno, quella volta ci sono andato anch'io.

Ridendo e scherzando andiamo a piedi fino al capolinea della tranvia in viale Ceccarini. Durante il tragitto tutti mi fanno battute e lazzi.

«Nullo, oggi metti in mostra i tuoi gioielli.»

«Vai che oggi si slega la *bega*!»

«Donne al fornello, uomini al bordello.»

Che io mi son sempre chiesto: ma non è un modo di dire un po' contraddittorio? Scusate, ma se le donne stanno tutte al fornello, poi chi va a lavorare al bordello a soddisfare i clienti?

Adoni Zelio, una mano in tasca e una sulla maniglia del tranvai, mi guarda con un sorrisetto cinico da dietro il fumo della sigaretta appesa al labbro. Carugnaza ogni tanto mi dà una castagna in testa. Scendiamo alla fermata della via dei Bagni e a piedi arriviamo sulla riva destra del porto dove all'epoca si trovavano tutte le case chiuse. Entriamo in quella più rinomata di via Clodia. Era lì che la Dora, maîtresse dal cuore buono, faceva del bene. In ogni senso. Perché, oltre che tenutaria del bordello, era anche una sportiva, amava il calcio e la Libertas Rimini era nel suo cuore. Quando i ragazzi andavano in rete e mettevano al tappeto le vicine romagnole (il Cesena, per esempio) erano regali per tutti: marchette gratis a tutta la squadra.

Ciao bel giovine

Entriamo nel bordello capitanati da Zelio che saluta tutti come uno di casa. Io entro per ultimo. Odore di talco, giarrettiere e lisoformio. Adoni Zelio si avvicina alla Dora, le mormora qualcosa all'orecchio e mi indica. La Dora mi fa un gran sorriso. «Ciao bel giovine. A te ci pensa la Fiorina, lei è di San Mauro Pascoli e sa come trattare i nuovi. Leggi il cartello per saperti regolare sui prezzi.»

Intanto che leggo il cartello appeso al muro, mi si avvicina quella che penso sia la Fiorina di San Mauro Pascoli: un donnone prosperoso in sottoveste nera con i capelli rossi come il fuoco e un boa di struzzo al collo ancora più rosso dei capelli. Era compaesana di Giovanni Pascoli, ma la Fiorina non aveva proprio niente della «cavallina storna». Sembrava piuttosto una «cinghialina adorna».

Mi prende per mano e mi porta in una stanzetta minuscola al primo piano. Il cartello dei prezzi delle prestazioni diceva:

- Sapone profumato £ 0,20
- Musica soave £ 0,10
- Acqua di colonia £ 0,15
- Asciugamani di lino £ 0,40
- Venti minuti £ 2,90
- Mezz'ora £ 3,50
- Un'ora £ 6,50
- Due ore £ 10,50

Prima di entrare mi ero fatto il progetto di investire almeno £ 3,50 per la mezz'ora. In realtà mi sono fermato prima. Molto prima. Sapone profumato £ 0,20. Come la Fiorina mi ha dato una sciacquatina alle parti intime, ho portato a compimento il mio primo esame sessuale pratico. Voto 3 meno meno.

Tornando verso il centro di Rimini per riprendere il tranvai tutti si facevano vanto delle più incredibili imprese amatorie, con picchi di £ 10,50 per la doppia ora. Ma io mi immaginavo che proprio quelli che facevano i più *sburoni* magari erano arrivati sì e no all'asciugamano di lino £ 0,40. Qualcuno si batteva il petto facendo il verso di Tarzan. Partiva allora il cazzotto di Carugnaza attivato dal comando visivo di Adoni Zelio.

Rimini

Arriviamo in piazza Cavour, dove si trovava la partenza del tranvai per tornare a Riccione.

Bella la piazza Cavour. Elegante ed esclusiva. Il Palazzo dell'Arengo, il Teatro Galli, la Fontana della pigna, il mercato coperto del pesce dove le donne vendono le *purace*. Veramente le vendono anche da noi a Riccione, ma poi il confronto finisce lì. Loro hanno il vantaggio di avere le vestigia storiche dell'antica Roma. *Ariminum* c'era già quella volta, Riccione l'hanno fatta comune solo nel 1922.

L'Arco di Augusto... il Ponte di Tiberio... erano proprio dei *sburoni* questi romani. E Benito Mussolini, *sburone* anch'esso, se n'era ben accorto facendo di tutto per riprendere le origini e i fasti del grande impero.

Roma era il mito che animava il fascismo: il partito strutturato come le organizzazioni militari romane con tanto di prìncipi, consoli, capitani, centurioni e via dicendo; insegne e gagliardetti con fascio e aquile imperiali; il gesto di saluto con il braccio teso.

Scipione l'Africano

Vicino alla piazza Cavour sorgeva il cinema Fulgor. La vera aula formativa del fascismo. Sì, perché quale migliore strumento di propaganda se non il cinematografo? Il Duce in persona aveva fatto scrivere a caratteri cubitali sul muro di Cinecittà: LA CINEMATOGRAFIA È L'ARMA PIÙ FORTE. Quale luogo migliore per educare il popolo italiano se non la buia sala, mentre l'inerme spettatore sgranocchia bruscolini, pilucca carrube, bacia la morosa e fuma le sigarette? Quante sigarette...

All'epoca le marche più fumate si chiamavano Popolari (perché erano molto economiche), Nazionali e Indigene, seguite da Macedonia e Giubel. Ce n'erano inoltre alcune nate sotto l'egida fascista: le Eja, le AOI (Africa orientale italiana) e le epiche Me ne frego! E tutte contribuivano a creare quell'accogliente coltre di nicotina fumogena che stordiva gli spettatori.

Nel nebbione del cinematografo, l'apice dell'unione tra la

passata grandezza di Roma e le audaci imprese dell'epoca fascista, è stato il film *Scipione l'Africano*.

L'avete visto? No? Be', francamente non vi siete persi niente anche se per realizzarlo hanno speso tanti di quei soldi che in confronto i kolossal americani sembravano dei film di Ridolini.

Ideato alla vigilia della campagna d'Etiopia e iniziato subito dopo la vittoria, per ottenere la quale i vertici militari e politici italiani non badarono a spese pur di vincere la guerra d'Africa.

Trama del film. Seconda guerra punica. I due condottieri, Scipione e Annibale, si affrontano, il primo su un cavallo bianco, il secondo su un cavallo nero. E già si capisce chi è il buono e chi il cattivo. Due uomini e due popoli: mentre i romani sono rappresentati sul grande schermo come un modello di civiltà, coraggiosi e capaci d'incontrare un nemico cinque volte più forte, i cartaginesi, al contrario, sono un popolo di ingordi, senza principi morali, una sorta di antenati dell'impero britannico. L'eterna lotta della luce contro le tenebre. E del resto lo spettatore assisteva a una vera e propria trasposizione dell'attacco italiano all'Etiopia, con un Mussolini-Scipione che vendicava Adua-Canne, i cartaginesi al posto dell'esercito etiopico e le truppe italiane rappresentate dai valorosi legionari romani. Non stupisce dunque che Scipione, impersonato da Annibale Ninchi, parlasse con enfasi, postura e cadenze riconducibili a quelle di Mussolini: pugni ai fianchi, gambe a V, mento alla chissenefrega.

Certi spettatori, nel buio della sala cinematografica, si azzardavano a lanciare qualche lazzo.

«Legalo il cavallo, che sennò te lo fregano!»

«Scipione, tira fuori il manganello!»

«Ba-cio! Ba-cio! Ba-cio!»

E immancabilmente, ogni volta che due attori si baciavano, c'era un ragazzino di nome Pierino che cominciava a strillare.

«Gelati! Gelati Negus!»

Sì, perché oltre alle carrube e ai bruscolini in platea si vendeva un gelato preconfezionato da passeggio inventato nel '36 dalla gelateria Paganelli che aveva il negozio nel quartiere Alba di Riccione.

Il gelato era a forma di disco con due strati: cioccolato e crema. Approfittando della disfatta dell'imperatore d'Etiopia Negus Menelik, per cavalcare la vittoria in chiave pubblicitaria, venne battezzato appunto «Negus». Era reclamizzato in spiaggia da un uomo sandwich con le scritte che recitavano: «Paganelli ha messo il Negus nel sacco e lo vende a £ 2. Super gelato!».

Tripoli bel suol d'amore

Il richiamo all'impero andava di gran moda. Come testimonia anche una canzone che all'epoca ebbe un grande successo: *Ai romani piaceva la biga*, parole di Testoni-Panzeri, musica di Max Springer, grande violinista e riccionese d'adozione avendo sposato Italia Papini, figlia di Memmo e Rosa Papini, due personaggi locali di spicco. Lo Springer lo si poteva ascoltare al caffè Zanarini o negli altri ritrovi danzanti, magari mentre accompagnava la famosa cantante Alessandra Drudi, in arte Gea della Garisenda (nome inventato dal D'Annunzio...), interprete del brano *Tripoli bel suol d'amore* che spopolava in tutta Italia.

Naviga o corrazzata
Benigno è il vento e dolce la stagion
Tripoli, terra incantata
Sarai italiana al rombo del cannon

Gea della Garisenda, assieme al marito, l'onorevole Teresio Borsalino – quello dei cappelli – faceva parte di quella schiera di persone importanti che all'epoca trascorrevano le vacanze nella Perla Verde del Mare Adriatico, detto «Amarissimo» (altra invenzione del D'Annunzio...).

Aveva un nome ispirato all'antica Roma anche un'invenzione modernissima: la Littorina (D'Annunzio non c'entra). Questo trenino si chiamava così ché aveva un fascio littorio sulla mascherina, proprio sopra il marchio FIAT. Era una vettura unica, mossa da un motore diesel o a benzina di sei cilindri verticali. La trasmissione era azionata da un cambio meccanico, a ingranaggi con quattro velocità. Il sistema di riscaldamento era ottenuto convogliando i gas di scarico in uno scambiatore di calore, che a sua volta, tramite delle condutture, mandava l'aria calda nelle bocchette di ventilazione... L'aria era sicuramente calda ma forse non del tutto salubre. Che meraviglia girare per il Belpaese respirando i gas di scarico dei motori, benzina o diesel che fossero.

Era stato Lui in persona a volere una linea diretta Roma-Riccione e siccome con donna Rachele non avevano mai fatto il viaggio di nozze, un giorno l'aveva caricata su per fare una specie di luna di miele. Ovviamente guidando Lui la Littorina.

Viaggio notturno

Anch'io una volta ho preso la Littorina. Non per un viaggio di nozze ma per un viaggio durante il quale, e non per colpa mia, il vagone si è trasformato in una specie di bordello su rotaia.

Era la notte del 22 settembre 1937, avevo da poco spento la luce della mia prigione, non senza aver letto qualche verso di Leopardi Giacomo (lettura consigliatissima per conciliare il sonno...), ed ecco che la porta chiusa a triplice mandata si apre.

Trac, trac, trac.

Entra il conte marchese con passo militare. Militare poi il giusto, perché per via della gambina sifula ricordava più l'incedere di un riformato. Dietro a lui il solito Marcaccini Ettore.

«Alzati e vestiti. Subito. Andiamo a Roma! Devi prendere il posto del Duce.»

«Come sarebbe Roma... io non sono abituato a fare il

sosia fuori del set riccionese. Roma non la conosco, non vorrei fare brutta figura...»

Marcaccini mi dà un dritto-rovescio di schiaffoni. Immediatamente mi sento pronto per l'avventura capitolina. In quattro e quattr'otto mi trovo sulla Littorina. Oltre a me salgono a bordo il gerarca dell'OVRA in alta uniforme, Carugnaza in camicia nera – quello non se la toglieva nemmeno per andare a letto e probabilmente neppure per farsi il bagno –, due fascistini di supporto e naturalmente il capomacchinista e il suo vice. Il vagone, normalmente composto da un unico scompartimento, per l'occasione era stato diviso in due con una tenda: di qua le sedie per i viaggiatori, di là un letto per fare accomodare il Duce (in quel caso il suo sosia). In un angolo un grammofono.

Partiamo. Dal finestrino ammiro la bellezza del paesaggio. La nottata è splendida. Il cielo limpido. Il Mare Adriatico riflette la luna piena. Manca la musica. Cerco fra i dischi quello più adatto a fare da colonna sonora a questo incantevole scenario. *Giovinezza*, *Faccetta nera*, *Vado in Abissinia*... Per carità, canzoni bellissime, ma forse non del tutto adatte al mio romantico stato d'animo. Sfoglio altre copertine. *Parlami d'amore Mariù*, *Ba ba baciami piccina*, *Pippo non lo sa*. Troppa allegria. Beniamino Gigli, Tito Schipa. Ci siamo. Questa è musica fatta da gente che sa cosa si prova in momenti come questi. Metto su il disco della *Tosca*, giro la manovella...

E lucevan le stelle
E olezzava la terra
Stridéa l'uscio dell'orto
E un passo sfiorava la rena

Manca un ultimo ingrediente. Adesso ci vorrebbe la compagnia di una donna. Ma non di una donna qualsiasi, pur siasi, essa siasi. Perché non è vero che una vale l'altra, ognuno ha bisogno della sua vite. Ci vorrebbe una vite specifica, con il filetto giusto per me. La Nives... come mi piacerebbe che ci fosse la mia Nives... penso a lei, respiro a pieni polmoni il gas di scarico del motore. Dopo qualche chilometro alla mia destra vedo il Castello di Gradara con i suoi merli. Bellissimo. Mi viene in mente la storia che mi aveva raccontato la Nives sul terrazzo del Grand Hotel. Paolo e Francesca, i due cognati che il suo marito di lei ha ammazzato e che Alighieri Dante mette nell'inferno perché hanno sottomesso la ragione al talento. Dice che stavano leggendo un libro e sospiravano di «dubbiosi disiri». Nives... se tu fossi qui leggerei con te anche l'elenco del telefono, persino Leopardi, per dire... Sospiro e do un'altra bella boccata di ossido di zolfo, monossido di carbonio e ossido di azoto. Tutti gas di scarico che fortunatamente non influiscono nella riproduzione dei dischi sul grammofono.

Svanì per sempre il sogno mio d'amore
L'ora è fuggita, e muoio disperato,
E muoio disperato

E non ho amato mai tanto la vita
Tanto la vita

Sosta forzata

Il viaggio notturno procede senza intoppi fino alla stazione di Falconara Marittima. Qui la Littorina si ferma. Scosto la tendina del finestrino e vedo il capostazione confabulare sulla pensilina con il conte marchese. Poco più dietro una signora impellicciata, con in testa un cappello enorme sormontato da una piuma di pavone. Assieme a lei una ragazza, vestita grosso modo alla stessa maniera. Dopo qualche minuto il gerarca risale a bordo.

«C'è un contrattempo. La moglie di un potente fascista marchigiano ha saputo del nostro viaggio e chiede di dare un passaggio a sua figlia che domani deve essere a Roma... non posso dirle di no...»

Sale la madre. Non senza fatica a causa della stazza e della pelliccia di visone che la infagotta come un sacco di patate.

Il gerarca fa le presentazioni. «Eccellenza, le presento la gentil signora Iole Francesconi. Le vorrebbe chiedere un favore personale di...»

La Iole scosta il conte Amedeo Brogliacci Stupazzoni gran marchese di Sala Bolognese senza tanti complimenti, si inginocchia e mi bacia la mano.

«*Me scuserà pel disturbo, eccellenza reverendissima, non je vurìa esse d'impiccio. La fiòla mia, cocca de mamma, domà c'ha el provì pe' fà un filme a Cinecittà, se je potesse dà 'n passaggio... avemo pure portato qualcosina da magnà, tante le volte je venisse appetito...*»

Si gira verso la porta.

«*Oh, porté da magnà!*»

Salgono quattro camerieri con altrettanti cesti stracolmi di vettovaglie.

«*È tutta roba bona; ce sò ancora i mòscioli e le crocette che li pescamo qui in Ancona; il ciauscolo che è 'n salame morbido, nostro qui delle Marche; i vincisgrassi che sò 'na specie de lasagne; pegorì, òvi, fiaschi de vì roscio del Conero...*» La Iole Francesconi si gira e nel movimento urta uno dei camerieri che fa cadere a terra tutto il contenuto del cesto. La gentil signora lo redarguisce con un anconetanissimo «*Vattafadàntelculo*».

Nel frattempo sale anche la figlia. Una rubiconda ragazzona tirata su a ciauscolo e vincisgrassi. Non so per quale ruolo dovrà fare il provino a Cinecittà. Di sicuro non per Salomè nella danza dei sette veli.

La mamma prende la figliola per mano e me la presenta. «*Ha visto che meravija?*» Poi fa alla figlia: «*Franceschina, faje el baciamano al Duce! Nun stà a fà tanto la timida!*».

Intanto che la *fiòla* si inginocchia i quattro camerieri

cercano goffamente di rialzare la Iole Francesconi che si rivolge a loro con perentorio «*Tafadànteculo*». Poi cerca di rimettersi in ordine raddrizzando la piuma sul cappello. «*Eccellè*, favorisca pure… a gradimento suo…» Con la mano indica i cesti ricolmi, ma con gli occhi indica la Franceschina.

La bella e timida Franceschina Francesconi…

Nomi stravaganti

Che io mi son sempre chiesto: ma quale intento anima certi genitori a battezzare i figli con dei nomi stravaganti?! Quanto risentimento possono provare un babbo e una mamma verso queste innocenti creature appena venute al mondo, tanto da affibbiargli nomi propri che, accoppiati ai cognomi, li faranno diventare oggetto di lazzi e sberleffi per tutta la loro miserrima vita? Quale perfidia nell'avere un cognome e volerlo raddoppiare nel nome, come appunto, Franceschina Francesconi o Gustavo Gustavini o Sante Santinato? O peggio ancora nel creare giochi di parole di cattivo gusto combinando nome e cognome tipo Albanese Italo, Dinatale Pasqualina, Neri Bruna, Erbacci Edera, Foresta Immacolata? All'opposto, non hanno nessuna colpa i genitori che, avendo la malaugurata sfiga di essere provvisti di un cognome che già di suo è un nome proprio, possono indurre confusione all'anagrafe (Mario Franco, Carlo Nicola, Giorgio Mauro eccetera).

Noi in Romagna siamo specializzati nel trovare nomi eccentrici e bizzarri, specialmente nel caso in cui, per motivi di credo politico, non si voglia usare il nome di un santo del calendario cristiano. Libertario, Volgo, Ateo, Negadio, Vendetta, Satana, Adulto, Dinamitarda non sono nel calendario dei santi cattolici ma in quello degli anarchici. C'è chi utilizza la prole per programmare addirittura un manifesto politico come nel caso dei fratelli Rivo, Luzio e Nario, o le sorelle Folla, Unita, Vittoria. Il babbo delle ragazze aveva programmato anche Certa, per portare a termine lo slogan, ma questa non è mai arrivata, forse proprio per paura del nome che l'aspettava.

A Riccione, nello specifico, c'era un bell'esempio di padre «nominator furioso», il signor Domenico Galavotti detto «Manghinot», proprietario dell'Hotel Lido, dove il Duce aveva trascorso diverse estati prima di comperare la sua villa. Nonostante che Manghinot fosse anarchico credente e praticante con tanto di cravattino nero, i due erano grandi amici; si erano conosciuti quando il Mussolini era ancora di fede socialista e il futuro Duce si era complimentato con lui per aver messo ai figli dei nomi da battaglia: Grido, Ribelle, Giordano Bruno, Speranza e Vendetta. Dopo, quando Mussolini ha cambiato casacca ed è salito al governo, forse quei nomi lì non li gradiva più perché il regime preferiva nomi come Labaro, Balilla, Adua, Macallè, Addis (per i maschi) e Abeba (per le femminucce). In caso di prole numerosa dava pure un premio in denaro a chi chiamava i figli Benito, Rachele, Edda, Vittorio, Bruno, Romano e Annamaria. Anche Adolfo gli andava bene. Da un certo momento in poi.

Boudoir

La Franceschina Francesconi sale a bordo della Littorina e ripartiamo per Roma.

Volete sapere come è proseguito il viaggio? Vi interessa qualche dettaglio piccante? Curiosoni.

Non voglio entrare nei particolari perché, come ho già detto, io sono piuttosto timido e imbranato con le donne e mio malgrado non riesco ad avere quella considerazione del gentil sesso che porta molti uomini a vedere le femmine unicamente come una sorta di conquista, una tacca da incidere sul randello e che, dopo avere approfittato delle gioie dell'amore carnale, appena finito l'atto copulatorio, si sentono irresistibilmente attratti dall'uscio tanto da dimenticare per sempre i nomi e i tratti fisiognomici delle loro prede e per questo motivo, quando le incrociano per strada, le squadrano chiedendo a se stessi: «Ma questa, l'ho già scopata?».

Per questo motivo dirò solo che, per non venire meno al mio ruolo di sosia di Lui, durante il viaggio ho «favorito a mio gradimento» della giovane e rubiconda marchigiana mentre Tito Schipa dal grammofono cantava.

Entrava ella, fragrante,
Mi cadea fra le braccia.
Oh! Dolci baci, o languide carezze,
Mentr'io fremente
Le belle forme disciogliea dai veli!

A onor di cronaca debbo dire che «mentr'io fremente / le belle forme disciolgliea dai veli», non penso che la timida Franceschina, al cui confronto la Fiorina di San Mauro Pascoli era una catechista, abbia trovato la mia prestazione all'altezza delle sue aspettative, nonostante la di lei dedizione nel profondersi in entusiastici ansimi e gridolini che, forse a causa delle sue scarse doti attoriali, risuonavano alquanto fasulli.

Per fortuna, a tenere alta la nomea della prestanza dell'italico maschio fascista, ci hanno pensato nell'ordine:

- Marcaccini Ettore (le urla sembravano più realistiche);
- i due fascistini;
- i macchinisti (dandosi vicendevolmente il cambio alla guida e alla monta);
- e, visto che c'era, una bottarella gliel'ha data pure il marchese che, nonostante la palla di gesso, ha

fatto emettere anche lui qualche urletto alla bella marchigiana.

Morale: mentre la Littorina gloriosamente marciava su Roma, tutti trombavano, mangiavano, scolavano fiaschi di vino e, felici e contenti, a squarciagola cantavano.

Giovinezza, giovinezza,
Primavera di bellezza
Nella vita e nell'asprezza
Il tuo canto squilla e va.
I poeti e gli artigiani,
I signori e i contadini,
Con orgoglio di italiani
Giuran fede a Mussolini.

Poi quando le tenebre della notte, i fumi dell'alcol e la spossatezza si sono impossessati dei viaggiatori, qualcuno, per alzare il morale della comitiva, ha girato la manovella e ha messo un disco sul grammofono.

Ai romani piaceva la biga,
Più dinamica della lettiga:
Il cavallo vedevi filar
E la biga vedevi tirar.

Fu Poppea la prima romana
Una donna davvero un po' strana,

Ad andar con la biga scoperta,
E i romani si misero all'erta.

Chi l'aveva, ogni dì la montava,
Chi era senza, da sol si arrangiava.
Ora noi siamo motorizzati,
Ma la biga ci piace di più.

Viva la biga! Viva la biga!
Senza motor!

Roma!

Arriviamo alla stazione Termini di Roma alle prime ore del giorno. In ritardo. Ma non per colpa del regime. La Littorina e i suoi passeggeri non risultano all'altezza dei fasti della Roma imperiale. I legionari ridotti a un bivacco di manipoli. Più che una marcia su Roma, una marcita.

Il conte cerca di riprendere in mano la situazione. Impartisce ordini a destra e manca. I macchinisti rassettano la vettura raccogliendo gli avanzi delle libagioni notturne. Uno dei fascistini viene spedito in farmacia a comprare Aspirina, Citrosodina e pasta di Fissan per lenire le parti intime. Salgono sulla Littorina una truccatrice e una costumista di Cinecittà. La Franceschina scende salutata da tutti con affetto e riconoscenza.

Appena usciti dalla stazione saliamo su una Lancia Aprilia nuova fiammante, destinazione il Palazzo delle esposizioni di via Nazionale. Nel breve tragitto il conte Amedeo Brogliacci Stupazzoni gran marchese di Sala

Bolognese ingoia l'ennesima Aspirina e mi illustra il programma. «Si inaugura la mostra del bimillenario della nascita dell'imperatore Augusto. Mussolini da qualche giorno è a letto, soffre di ulcera e per questo motivo – guai a dirlo in giro... – non può presenziare di persona.» Beve un bicchiere di acqua e Citrosodina. «È un impegno semplice, ti limiterai a tagliare un nastro e fare un breve discorso.» Apre una cartelletta di pelle rossa ed estrae dei fogli. «Non ti preoccupare per il discorso, ne ho qui alcuni fatti dal Duce. Ti starò vicino e ti suggerirò le parole adatte.» Si slaccia la cintura e si spalma una smanazzata di pasta di Fissan dentro i pantaloni.

Palazzo delle esposizioni

L'Aprilia si ferma davanti alla scalinata del Palazzo delle esposizioni. Qui mi accolgono Balilla, Moschettieri del Duce, Giovani italiane e Giovani fascisti tutti disposti ordinatamente in file e righe degne delle migliori grandi manovre del glorioso esercito della Roma imperiale.

Organizzazione impeccabile.

Salgo il tappeto rosso che ricopre i gradini ammirando l'imponente facciata del palazzo. Rimango a bocca aperta. Vigliacca boia, che *sburonismo* architettonico: tre archi centrali sovrastati da copie di statue romane; ai lati dell'ingresso, delle scritte in latino e un enorme ghirigoro che alterna fasci littori alla scritta DUX, da una parte, e REX dall'altra. Forse hanno usato del populit. Subito sopra: bandiere, tante bandiere.

In poche parole tutta la scenografia vuole ribadire il concetto: «Insomma l'avete capito o no che Mussolini è il nuovo Augusto?!». Che, stringi stringi, è la stessa cosa che dice il professor Giulio Quirino Giglioli, direttore dell'esposizione, nel discorso inaugurale prima del taglio del nastro. «Mussolini, il novello Augusto della risorta Italia imperiale...»

Di fronte a me vedo una cinepresa. Subito mi calo nei panni di Mussolini-Scipione-Ninchi. Allargo il compasso delle gambe. Pugni sui fianchi.

«... un genuino discendente di sangue degli antichi romani...»

Stringo la mascella. Faccio degli ampi «sì» con la testa.

«... l'origine romagnola del nostro Duce lo consacra degno emulo di Cesare e di Augusto perché artefice di una nuova era della romanità nell'epoca moderna...»

Digrigno i denti. Sporgo le labbra in fuori. Strabuzzo gli occhi. Un po' come gli attori del cinema muto che, non potendo parlare, esageravano i gesti.

Il conte marchese mi fa segno di andarci piano. Il cinema muto è finito da qualche anno.

L'esimio archeologo professor Giulio Quirino Giglioli finisce il suo pistolotto. Applausi. Qualcuno mi porge le forbici. Taglio il nastro tricolore. Ancora applausi.

Disciplina ineccepibile.

Un alto prelato, non capisco se vescovo o cardinale (nonostante l'educazione delle suore non sono tanto preparato in materia di divise ecclesiastiche), dice delle preghiere in latino e benedice i presenti con l'aspersorio. Amen. Applausi.

Efficienza incontrovertibile.

Bimillenario di Augusto

Entriamo dentro il palazzo per un giro nelle sale dell'esposizione. Centinaia di calchi, modelli di monumenti, statue, macchine, armi e armature, plastici di città e carte geografiche. Il corteo guidato dal direttore Giulio Quirino Giglioli arriva in una sala dove è esposta una grande croce di vetro illuminata, con impresse le parole del vangelo di san Luca: racconta del censimento imperiale indetto da Augusto e della nascita di Gesù Cristo.

Nella sala c'è tanta gente. Tutti sono in piedi e si accalcano cercando di guadagnare la prima fila. Organizzazione, disciplina ed efficienza cominciano a vacillare.

Sotto il crocifisso c'è un piccolo palchetto con un microfono. Il conte mi avvicina e mi sussurra: «Adesso parlerà il cardinale, poi tocca a te. Non ti preoccupare, ripeti quello che ti dico io. Alla fine verrà servito un rinfresco qui a fianco, ma noi andiamo via prima». Estrae alcuni fogli dalla cartelletta rossa e si apposta dietro il calco di una statua romana.

Di fianco a lui il prode Carugnaza si piazza a gambe larghe e braccia conserte, riprendendo la posa della statua.

Sale sul palco il cardinale, ha in mano alcuni fogli con il discorso scritto; prende l'aspersorio per irrorarci con qualche altra goccia di benedizione ma prima ancora che riesca a pronunciare «*In nomine Patri...*» il pubblico antistante inizia a bisbigliare. Un crescente mormorio, una buona novella passa di bocca in bocca.

«Sembra, dico sembra, che nella sala attigua i camerieri stiano servendo il rinfresco...»

A quel punto organizzazione, efficienza e disciplina vanno a farsi benedire. Si scatena una gran *bagarre*. Di fronte all'ancestrale richiamo delle libagioni il pubblico si trasforma in folla, la folla in calca, la calca in ressa, la ressa in orda e l'orda in una mandria imbizzarrita che spinge, sbuffa e sgomita per accaparrarsi pizzette, *vol-au-vent* e salatini.

Quando il genere umano sente il richiamo dell'appetito, in preda ai più bassi istinti primordiali, tende a regredire a uno stato di barbarie. Ognuno per sé e Dio per tutti. Non c'è più religione.

Il cardinale, irriguardosamente spinto giù dal palco, perde l'equilibrio, si appoggia alla statua che barcolla; entrambi rovinano addosso al povero conte Amedeo Brogliacci Stupazzoni gran marchese di Sala Bolognese. La statua si rompe in mille pezzi. I fogli del cardinale e del gerarca si sparpagliano per terra. Prontamente interviene Carugnaza che fa da scudo umano a me e ai due poveretti.

Chi mi ama...

Ci vuole più di mezz'ora prima che l'orda barbarica, dopo aver fatto razzia di stuzzichini e beveraggi, ritorni a un normale stadio di civiltà e riprenda posto in sala. Il direttore dell'esposizione mi si avvicina. Ha un occhio livido e un braccio appeso al collo. «Sono desolato, eccellenza... chiedo scusa per questo increscioso comportamento... tuttavia se volessimo concludere il programma... il cardinale è impossibilitato a pronunciare il suo discorso... Sua eminenza in questo momento si trova in infermeria, assieme al conte e, per fortuna, sono entrambi illesi a parte un leggero stato confusionale... ecco, se sua eccellenza volesse dire qualche parola...»

Mi affianca Marcaccini Ettore detto «Carugnaza» che mi sussurra: «Non ti preoccupare, ti aiuto io...».

Vedo che scartabella nei fogli che, nel bailamme generale, si sono irrimediabilmente mescolati.

Decido di fidarmi di lui e salgo sul palchetto.

Mi schiarisco la voce.

Marcaccini suggerisce. Io declamo.

«Italiani! Devoti fedeli. Popolo romano! Io vi parlo come Duce, come Maestro e Profeta. In quel tempo, quando l'imperatore Augusto indisse il censimento, mi avvicinò un centurione romano e mi chiese di guarire il suo servo e io...»

Pausa. Il mio suggeritore sfoglia come un forsennato.

«E io gli dissi: "Manganello e olio di ricino e vedrai come la malattia sparisce!". E lo storpio, prese le sue stampelle, camminò e io gli dissi: "Vai nel retro Satana, perché chi si ferma è perduto!". Poi entrai nel tempio e dissi che "governare i farisei non è impossibile, è inutile", mentre a Pilato: "Se tu te ne lavi le mani sai cosa faccio io? Me ne frego!".» Intanto la folla cantava «Osanna, osanna. Eja! Eja! Alalà!». «Perché se il fascismo è stato una banda a delinquere, io sono la vite e voi siete i tralci di questa banda a delinquere e poiché Giuda è come un dente cariato e se Dio esiste gli do due minuti per fulminarmi...»

Mi fulmina con gli occhi il conte Amedeo Brogliacci Stupazzoni gran marchese di Sala Bolognese. Lo vedo in fondo alla sala con una vistosa garza in testa. Con la mano mi fa segno di tagliare.

Concludo: «... e chi mi ama mi segua, perché chi non è con noi è contro di noi!».

«A noi!» Risponde il pubblico antistante ormai definitivamente uscito dalla barbarie.

Scendo dal palco accompagnato da Marcaccini Ettore. «Peccato che ci hanno fatto smettere, c'erano ancora un sacco di belle cose da dire...»

Stravolo!

Il ritorno a Riccione non abbiamo potuto farlo per via ferroviaria perché la Littorina nel frattempo era stata portata in officina per una revisione all'impianto di riscaldamento. Un'automobile ci ha accompagnato fino al vicino Lago di Bracciano, dove a un piccolo pontile di legno era ormeggiato l'idrovolante modello Savoia-Marchetti color argento, immatricolato I-Mare. L'idrovolante del Duce. Il mio carissimo amico che avevo già curato a Riccione. Il dio dei motori esiste e ha esaudito la mia preghiera!

Saliamo a bordo. Immediatamente il conte marchese e Marcaccini Ettore si addormentano. Ma io resto sveglio e sogno a occhi aperti. Volare su un aeroplano è sempre stato il mio sogno.

Penso che volare sia la sensazione più di libertà che un uomo possa provare; librarsi lassù, nel cielo, leggero come una farfalla! Vedere le cose dall'alto, dalla stessa prospettiva degli uccelli e degli angeli, con lo stesso distacco di chi ammira dall'alto le umane miserie. «Ma guarda te quei poveretti laggiù che strisciano come vermi mentre io volo dove mi pare seguendo a mio piacere il vento e le correnti d'aria!»

Difficile esprimere a parole l'ebbrezza del volo. Ci sono andati molto vicini i poeti futuristi. Come ho detto, i futuristi mi piacciono perché sono un po' come i fabbri della lingua italiana. Le parole non le scrivono, le prendono a smartellate.

Tratto da *Stravolo* del poeta Buzzi Paolo.

Spasiiiiiimoooo
Delle pupille ricercanti le pupille per
L'Atmosfeeeeereee
Mani steccccccchilite nell'estasi terrifica
Del cercare le mani prossime e non raggiungerle
Allungamenti incredibili dei
Corpi lo spillo umano acutizzato
Ad ago pur di capocchia
Barra fantastica

Bella eh? Non si capisce niente però rende l'idea.

Ammariamo davanti al porto di Riccione. Siamo a settembre e ormai la bella stagione volge al termine ma nonostante questo sulla spiaggia ci sono ancora diversi turisti ad accogliermi, a dimostrarmi quanto gli italiani vogliono bene al loro Duce.

Frrrrr.

Sento un rumore e alzo gli occhi al cielo.

Frrrrr.

Un aeroplanino da turismo con dietro uno striscione: W IL DUCE!

In quegli anni il volo era di gran moda. Tutti ammiravano le gesta dello *sburonismo* dei cavalieri dell'aria come Gabriele D'Annunzio, Italo Balbo e Francesco Baracca, eroe romagnolo della Grande guerra. Anche i figli più grandi di Mussolini, Vittorio e Bruno, erano degli aviatori. Quando erano a Riccione, andavano al campo di aviazione di Miramare e sui C.R.32 o C.R.42 a doppia ala sfogavano la loro passione. Bruno era il più spericolato. Sorvolava la villa di famiglia a volo radente e a testa in giù. Sua mamma, donna Rachele, gli urlava. «*Va pianein e vola bass!*» Va pianino e vola basso.

Qualcuno sottovoce aggiungeva: «Meglio, così ti tirano giù con la fionda».

Poi nel 1941, a soli ventitré anni, lo spericolato Bruno si è schiantato durante l'atterraggio del suo quadrimotore Piaggio P.108. Non per una fiondata.

Mussolini Edda

Ma la più scapestrata fra i cinque i figli del Duce era la primogenita Edda, unica che potesse tenere testa al suo babbo che diceva di lei: «Sono riuscito a sottomettere l'Italia, ma non riuscirò mai a sottomettere mia figlia».

Aveva il suo stesso carattere e lo faceva vedere sia in pubblico sia in privato.

Domenica 14 agosto 1929, Edda Mussolini taglia il nastro della Casa del fascio in viale Ceccarini (nel cui scantinato ho trascorso i miei anni di prigionia). L'edificio, donato dal commendator Gaetano Ceschina, era stato ristrutturato l'anno precedente e adattato alle nuove esigenze. La cronaca del quotidiano il «Popolo di Romagna» descrive così l'avvenimento.

«È in questa linda casa il cuore della vita di Riccione, della vita nuova che ha per legge il comandamento di un solo uomo e per meta la valorizzazione di una sola idea. Edda Mussolini, fiorente giovinezza, si è compiaciuta di tenere a battesimo la Casa del fascio. Rapida è giunta, rapida s'è posta a capo del corteo, rapida ha spezzato il nastro tricolore che legava i cancelli. Il popolo attorno plaudiva commosso e la selva dei gagliardetti si piegava riverente.»

Edda, personalità intraprendente e irrequieta, sfidava spesso i costumi dell'epoca: è stata una delle prime donne a portare i pantaloni; fumava e giocava d'azzardo. Era una donna anticonformista, come quando saliva sul moscone da sola per remare fino al largo, dove si dice che amasse prendere il sole come donna Rachele l'aveva fatta. Era seguita a una certa distanza dalle barche degli agenti di sorveglianza, gli onnipresenti *furnarein*. E loro stessi, pur essendo guardie del corpo della figlia del Duce, in quel caso non potevano azzardarsi a guardare il corpo... Edda veniva raramente a Riccione, più che altro trascorreva le vacanze sul Tirreno, assieme al marito Galeazzo Ciano conte di Cortellazzo e Buccari. Che l'11 gennaio 1944 Mussolini, dopo averlo fatto condannare a morte (non perché andasse in vacanza sul Tirreno), l'ha fatto fucilare al poligono di tiro di Verona.

Alla moglie viene impedito di incontrarlo prima dell'esecuzione. Qualche anno dopo Edda ha detto: «Credevo che mio padre fosse il superuomo. Ora capisco che era un debole, senza carattere. E poi aveva qualcosa nell'animo che io non riesco a giudicare. Con me è stato crudele: mi ha promesso due volte solennemente che avrebbe salvato Galeazzo. Invece l'ha fatto uccidere, l'ha fatto uccidere lui. E Galeazzo era innocente».

Che brutta roba l'odio. Non ti fa guardare in faccia nessuno. L'odio genera vendetta e non ti fa salvare nemmeno il tuo genero. Questo è stato il fascismo, una macchina per produrre odio e siccome l'amore non si può creare artificialmente, ma l'odio sì, è più facile diffondere l'odio che l'amore. Persino il tuo amico diventa nemico. Che invece Gesù Cristo diceva che bisogna amare anche i propri nemici…

Tra parentesi, vi devo dire che questo stesso ragionamento l'ho sentito addirittura da un tedesco, un prete tedesco.

Liebe deinen Feind.

Pentecoste

La Mater Admirabilis è una chiesa di mattoni faccia a vista situata vicino al Grand Hotel di Riccione; non sta troppo lontano dal mare, quindi è molto comoda per i turisti. Infatti quel giorno, in occasione della domenica di Pentecoste, era stracolma di fedeli, italiani e tedeschi. In Germania sentono molto questa festa, la *Pfingstsonntag*, che cade cinquanta giorni dopo la Pasqua. E la loro devozione si è ben fatta sentire, facendo un notevole contrasto con quella dei cattolici italiani. Tanto per cominciare, se i tedeschi sono arrivati in chiesa tutti in anticipo e a ranghi compatti, i fedeli italiani hanno fatto il loro ingresso un po' alla spicciolata, la maggior parte chiacchierando e qualcuno ben dopo l'inizio.

Io siedo nella prima panca. Di fianco a me il conte marchese che mi aveva ordinato di presenziare in qualità di sosia per il «solito» impegno del Duce.

Sopra l'altare è appeso un enorme crocifisso con uno

strano Cristo: non sofferente, ma quasi sorridente. Odore di incenso.

Qualche panca più in là, un manipolo di suore. Dalla divisa riconosco le Piccole sorelle della misericordia. Di fianco a loro scorgo la signorina Nives Quadrelli Curzi... la mia Nives... una Madonna. Penso che farò fatica a concentrarmi nella preghiera.

Campanella. Entra il parroco don Marzio. Un omino cicciottello sulla settantina, con un vistoso riporto di capelli unti per coprire l'incipiente calvizie e ciò nonostante, sui paramenti sacri di color rosso vivo, ha una bella spolverata di forfora. Assieme a lui un prete tedesco, alto, abbronzato, dritto come un fuso. Capelli biondi a spazzola, occhi azzurri. Zero forfora sui paramenti.

Don Marzio prende posto sull'altare e inizia il rito con voce nasale e cantilenante.

«*In nomine Patri et Filii et Spiritus Sancti.*»

«Amen!» Esplodono i teutonici all'unisono. Gli italiani rispondono a macchia di leopardo.

Avendo fatto il chierichetto dalle suore, io mi ricordo ancora qualche preghiera qua e là ma normalmente rispondo alle invocazioni solo con il labiale.

Una sorella attacca un inno.

Per i miseri implora perdono,
Per i deboli implora pietà

Con tanto di voce vibrata e vocali lunghe. Molto lunghe. Per cui il canto, che suona grosso modo così, dura il quadruplo del tempo normale.

Peeeer i miiii-seri implooo-ra perdoooooo-noooo,
Peeeer i deee-boli implooo-ra pieeee-tà

La celebrazione prosegue.

Non riesco a staccare gli occhi dalla Nives. Lei non mi degna d'uno sguardo. Ha gli occhi solo per il Cristo sorridente. Il conte marchese mi vede distratto e poco assorto nella preghiera e, per ravvivare la mia devozione, mi dà una bella gomitata all'altezza della bocca dello stomaco. Mi inginocchio dal male.

Non so se siete pratici, ma la liturgia prevede dei momenti in cui bisogna alzarsi in piedi, altri in cui si può stare seduti e altri infine in cui è necessario inginocchiarsi. Ecco, a 'sti crucchi li dovreste proprio vedere, sono uno spettacolo, si muovono tutti come un cuor solo e un'anima sola.

Seduti. *Setzen Sie sich.*

In piedi. *Stehen Sie auf.*

In ginocchio. *Auf die Knie.*

Gli italiani, all'opposto, assumono le posizioni un po' come e quando gli pare a loro.

Non parliamo del momento della questua, con il sagrestano che passa fra le panche sbattendo la borsa delle offerte: tedeschi pronti e generosi; italiani che fanno finta di niente o si smanazzano nelle tasche per poi allargare le braccia come a dire: «Non ho spicci...».

All'omelia don Marzio sfarfuglia qualcosa in un italiano che risulta quasi meno comprensibile del *latinorum*. Intuisco che si parla di amore fraterno, amare il nemico o argomenti impressachepoco così.

La messa finisce. Andate in pace. Ma prima il parroco chiede al prete concelebrante di dire qualche parola per salutare i fedeli di lingua tedesca. Voce tonante. Frasi secche. Suoni gutturali.

Liebe deinen Feind.

Più che un discorso sull'amore dà l'idea di una dichiarazione di guerra al nemico.

Canto finale.

Peeeer i miiii-seri implooo-ra perdoooooo-noooo,
Peeeer i deee-boli implooo-ra pieeee-tà

500 lire per Edda

Usciamo dalla chiesa. Mi fermo sul sagrato a salutare. Tutti i fedeli si avvicinano. Qualcuno mi tocca le vesti. Si fa largo tra la folla una mamma con una bimba in braccio e per mano un'altra bambina. La riconosco. È la Marisa, quella che mi ha dato il falcetto. Indossa i guantini bianchi e ha un bellissimo sorriso. Sorride meno la sua mamma.

«*Eccelè, me scuserà, sò la mamma de Marisa e questa è Edda, come la fiola vostra. È la quinta de sette. Quando l'avemo chiamata cuscì c'avévane promesso de dacce 500 lire. Non le avemo ancora viste... non se putrìa accellerà la pratiga?... Ce farebbero comodo, sà semo appena arrivate dalle Marche...*»

Il conte la interrompe. «Non si preoccupi signora, qualcosa potremo vedere di poter vedere di fare.» E prendendomi per un braccio mi porta via.

Potrei sbagliarmi ma allontanandomi mi pare di udire la mamma di Edda e Marisa: «*Vattafadàntelculo*».

Forse sono di Ancona.

In lontananza vedo la signorina Nives Quadrelli Curzi, ancora con il velo in testa, bellissima perfino in versione *orapronobis*. È in compagnia del gruppetto di suore. Ridono e scherzano.

Dall'altra parte della strada don Bastiano accende un mezzo toscano. Mi saluta militarmente portando la mano alla fronte. Un colpo secco per accendere la moto e se ne va via con la sua Guzzi Sport 15.

Scherzo da prete

Qualche tempo dopo il prete centauro è tornato a trovarmi nella mia prigione. Trac, trac, trac. Marcaccini Ettore detto «Carugnaza» apre la porta sempre chiusa a tripla mandata. Entra seguito da don Bastiano.

«Arciprete, gli dia la benedizione di Dio che a quella degli uomini ci penso io!»

E tam! Una smanganellata sulle mani. Carugnaza esce.

Don Bastiano bacia la stola e se la mette sulle spalle. «*In nomine Patri* eccetera eccetera... Oh, però te lo devo proprio dire, non riesco a guardarti nella faccia, sei proprio uguale al Duce. A quel maledetto, miscredente, puttaniere...»

Si apre lo spioncino della porta.

«A noi!» dice don Bastiano.

Si chiude lo spioncino.

«E a voi!» Don Bastiano fa il gesto dell'ombrello. Il pretino è scatenato. «*Al mazaria!*» Lo ammazzerei. Un fiume in piena. Non l'avevo mai visto così. «Oh, l'omicidio è un peccato capitale, veh. Va contro i comandamenti. Che in tutto sono dieci. Tu li sai i dieci comandamenti?»

«Ho un vago ricordo… mi sembra che cominciano tutti con "non"…»

«Vabbè, lasciamo perdere… No, dicevo che appunto essendo dieci un povero cristo come fa a rispettarli tutti? Eh? Il Padreterno a 'sto povero Mosè l'ha frastornato, ha calcato troppo la mano, dieci è un numero eccessivo. Per forza che dopo la gente dice che la religione è una rottura di palle, che sono più le cose che non si possono fare di quelle che si possono fare! Bastavano un paio di concetti, così il mestiere di noi poveri preti si alleggerisce e potremmo dedicarci di più ai poveri, ai bisognosi; meno rosari e più fatti!»

Don Bastiano sbatte con forza i pugni sul tavolo.

«Seguimi bene. Per quanto riguarda il discorso dei peccati ci sono le ragioni attenuanti. È come nei processi, sai? Per cui delle volte, quando ci sono delle motivazioni forti, il peccato si perdona preventivamente *ipso iure dicto facto ora pro nobis*.»

Prende un mezzo toscano dalla tasca della tonaca.

«Per esempio, prendi Mussolini. Hanno provato tante volte a farlo fuori ma lui, quel porco, si è sempre salvato! Gli attentatori hanno fallito per via che erano degli improvvisatori o degli idealisti, come quell'Anteo Zamboni di Bologna che ci è andato vicino così ad ammazzarlo, anche se dicono che dietro a Zamboni ci fossero gli stessi gerarchi fascisti, Grandi Dino in testa. I fascisti, io li accopperei tutti. Tatatatatà, una smitragliata senza nemmeno l'estrema unzione. All'inferno!»

Abbassa la voce di un paio di decibel.

«Ma se le cose si facessero con precisione... te sei un meccanico, sei preciso...» Si guarda in giro con aria circospetta e abbassa ancora la voce. «Sei capace di costruire una bomba? Perché se te ci metti la mano d'opera, il materiale lo posso rimediare io. Filo, spoletta, polvere da sparo, nitroglicerina...»

Prende un fiammifero.

«Sono in contatto con la Banda del bue rosso, compagni comunisti. Il piano d'azione è studiato nei minimi dettagli. Potresti mettere la bomba nel pisciatoio mentre sei lì che aspetti Mussolini. Te vai via. Lui tira fuori il "coso" e... BUM!»

Accende il mezzo toscano.

«Tieni questo foglietto. Ho scritto tutto il piano d'azione. Leggilo e poi distruggilo.»

Leggo nomi, luoghi e date.

Trac, trac, trac. Entra Marcaccini Ettore.

Mi infilo in bocca il foglietto e comincio a masticare.

Don Bastiano si alza in piedi. «... e per penitenza dirai settecento *pater-ave-gloria* e siccome non sai a memoria i dieci comandamenti ti mangerai per intero il libretto del catechismo!»

«Ahahah!» sghignazza Carugnaza. «E il messale me lo pappo io!»

E con tre morsi si ingoia il breviario del sacerdote. Con

tanto di copertina, segnalibri e santini. Accompagna fuori don Bastiano e fa un gran rutto. Trac, trac, trac.

Mò pensa te! Adesso ho capito perché 'sto prete comunista mi veniva sempre a trovare! Che la gente raschia raschia, in fondo in fondo, nessuno fa niente per niente. Per niente neanche il cane scodinzola la coda. Tutti hanno il loro tornaconto, compreso quelli che si dimostrano più disinteressati.

Don Bastiano aveva lo scopo di convincermi a preparare la bomba per ammazzare Mussolini. Io! Io che non ho mai fatto male a nessuno, che mi dispiace anche dare fuoco alla coda di un gattino o schiacciare un bruco, pensa un po' che fastidio che mi dà far male ai cristiani. O agli atei... insomma alle persone in quanto esseri viventi. Che brutta roba la violenza.

Cancelliere

Ci sono dei momenti che la cattiveria e le tenebre sembrano vittoriose sul bene e sulla luce.

Era il 26 luglio 1934 e c'era un gran temporale. Lampi e fulmini, tuoni e saette. Come quando il diavolo in persona butta la sua moglie giù per le scale.

Mussolini non si sapeva dove fosse, forse a Cesena, a visitare un ospedale psichiatrico. Il conte marchese era irreperibile. Alla Casa del fascio tutti avevano perso la testa.

Anche Marcaccini Ettore aveva perso quel poco di testa che si ritrovava sulle spalle. Cercava di usare il telefono per mettersi in contatto con il conte ma il temporale aveva interrotto le linee. Entra nella mia cella tutto agitato. «È un gran casino, dobbiamo andare alla casa dei Dollfuss.»

Engelbert Dollfuss era il cancelliere austriaco, un austrofascista, un omino con la faccia tonda e due occhiali alla

Gandhi. I giornali satirici del suo paese lo avevano soprannominato «Millimetternich». Aveva una bella moglie, la signora Alwine e due bambini, Rudy ed Eva, maschietto e femminuccia. Donna Rachele gli aveva trovato una sistemazione a Riccione nella Villa Sant'Angelo, vicino a Villa Mussolini, dove trascorrevano le loro vacanze. I bambini giocavano sulla spiaggia con Romano e Annamaria, mentre donna Rachele e Frau Dollfuss facevano le chiacchiere e i pettegolezzi, che a Riccione a quei tempi ne capitavano delle belle. Il Duce e il cancelliere si rilassavano e facevano sport. Solo Mussolini. Dollfuss, mingherlino e impacciato, stava più che altro a guardare.

Marcaccini Ettore tira fuori dall'armadio i miei abiti da sosia. «Vestiti, presto! La moglie di Dollfuss sta dando di matto. Hanno ammazzato suo marito. Si trovava qui in vacanza con la famiglia ma con una scusa l'hanno richiamato a Vienna, ma era una trappola. Siccome non voleva che l'Austria si annettesse alla Germania, Hitler l'ha fatto assassinare da un commando di SS travestite da soldati dell'esercito austriaco. Non si trova nessuno e visto che sei l'unico che sa un po' di tedesco, ho pensato che dobbiamo cercare di calmare le acque e consolare la vedova.»

Io sapevo giusto quelle quattro parole di base per approcciare le turiste tedesche, quelle che sanno tutti, persino gli invorniti come me. «*Guten Abend Fräulein, wollen Sie mit mir spazieren gehen?...*» Buonasera signorina, vuole fare una passeggiata con me?... Avrei sicuramente fatto una figura di *Scheisse* (merda) e combinato un casino colossale.

Mi vesto con la divisa nera, preventivamente parato a lutto. Facciamo per uscire. Drin, drin. Marcaccini alza la cornetta del telefono che si trovava di fianco al biliardo.

«Signor conte, finalmente... la stavo cercando. Ha saputo di Dollfuss? Ho pensato di andare con Vivadio per consolare la vedova... Come? La sento disturbato... Come dice? Il disturbato sono io? Certo... certamente. Obbedisco. A noi!» Mette giù il telefono. Sospira e resta in piedi guardando nel vuoto, quasi in trance, imbambolato come un salame imbalsamato. Rimane così per un bel po' di tempo e intanto io, giusto per ingannare l'attesa, tiro qualche colpo a biliardo. Sono bravino al tavolo verde, soprattutto ad andare a punto. Bisogna essere precisi. A volte mi scappa qualche bella bocciata. Infatti mi trovo col pallino in mezzo ai birillini. Un gran tiro di sponda e tam. Filotto!

Carugnaza, svegliato di soprassalto dal rumore delle palle, mi guarda come se fossi apparso all'improvviso. «Cazzo fai, giochi a boccette vestito da Duce? Torna nella tua prigione!»

Trac, trac, trac. Fine della partita.

Alla casa dei Dollfuss non ci siamo andati perché nel frattempo era rientrato Mussolini che, quando è venuto a sapere che eravamo lì lì per fare una visita alla vedova del cancelliere austriaco, si è arrabbiato a morte col conte Amedeo Brogliacci Stupazzoni gran marchese di Sala Bolognese.

Che si è imbestialito con Marcaccini Ettore detto «Carugnaza».

Che si è imbufalito con me, Vivadio Pio detto «Nullo».

Manganello e olio di ricino.

Baffetto

In quella circostanza Benito Mussolini si è arrabbiato anche con il suo collega Adolfo Hitler. «Stai buono lì, baffetto!» Con la storia di Dollfuss non si è impaurito ma ha tirato fuori il mascellone: «Di qui non si passa!». E per sottolineare il concetto, ha schierato quattro battaglioni al Brennero.

All'inizio delle rispettive carriere di dittatori, Hitler adorava Mussolini, lo imitava in tutto e per tutto. Le pose, i discorsi, le divise. Gli aveva chiesto perfino una foto con dedica firmata, ma il Duce non si è nemmeno degnato di rispondergli.

Poi però deve essere successo qualcosa perché i ruoli si sono invertiti. Forse in occasione della visita in Germania, dove Mussolini Benito ha visto tutte 'ste imponenti parate militari con milioni di cannoni, *Panzerfaust*, soldati e aeroplani. Avrà fatto il paragone con i suoi famosi aerei che venivano spostati da un aeroporto all'altro, giusto per fare più riuscita... Da quel momento il grande condottiero ha cominciato a scimmiottare il suo collega nazista. E allora gli italiani sono stati costretti a diventare tonici, pangermanisti e palestrati a tutti i costi. Il passo dell'oca, le leggi razziali, la guerra. Mussolini Benito, un servo pronto a ogni comando. Pur di non perdere il suo potere si è venduto l'anima e, visto che c'era, nel pacchetto si è venduto anche tutti gli italiani.

D'altronde questo è il sistema che adotta il tiranno.

Forte con i deboli e debole con i forti.

È sempre più solo. Perché tutti quelli che osano contraddirlo, li fa da parte spesso uccidendoli o, più prudentemente, se ne vanno loro stessi, stanchi di essere ignorati. Destino comune dei più grandi despoti della storia: Dionisio, Caligola, Gengis Khan, Tamerlano.

Così, inevitabilmente, il dittatore si ritrova solo, attorniato perlopiù da profittatori e da deficienti.

Starace

Apparteneva alla seconda categoria Achille Starace, gerarca potentissimo e ministro della Cultura popolare, il famoso MINCULPOP. Perfetto imbecille, «un cretino ubbidiente» come lo definiva Mussolini. Ha adottato il saluto romano, le coreografie delle adunate oceaniche, i campi Dux, i littoriali, il salto nel cerchio di fuoco, l'obbligo d'iscriversi al partito, l'uso d'italianizzare i nomi stranieri: film-filmo, insalata russa-capricciosa, bar-quisibeve, cotillons-cotiglioni eccetera… Un genio della comunicazione.

Partito per la guerra d'Etiopia in cerca di medaglie i soldati gli avevano inventato una poesiola.

Quando la pugna diventa pugnetta
Ogni gerarca a partir s'affretta.
Ad ogni minimo stormir del vento
Chiedono e ottengon medaglia d'argento.

Solo Starace, di tutti il più stronzo,
ha ottenuto quella di bronzo.

Non era proprio amatissimo. Sui muri si leggevano scritte del tipo: «Starace chi legge». E negli orinatoi: «Qui giace Starace vestito d'orbace, di nulla capace, *requiescat in pace*».

Era lui che aveva messo in piedi tutta la scenografia e la coreografia del fascismo, tutta una pantomima che non poteva reggere nel tempo.

Guerra

Difatti non ha retto. A un certo punto è scoppiata la guerra. Il Führer invade la Polonia. Il Duce è indeciso. «Vado, non vado... vado, non vado...»

Alla fine: «Vado». 10 giugno 1940.

Mussolini Benito, primo maresciallo dell'impero e caporale d'onore, si affaccia al balcone di piazza Venezia. Pugni ai fianchi, mento in fuori, occhi sbranati.

«Combattenti di terra, di mare, dell'aria. Camicie nere della rivoluzione e delle legioni. Uomini e donne d'Italia, dell'Impero e del Regno d'Albania. Ascoltate! Un'ora, segnata dal destino, batte nel cielo della nostra patria. L'ora delle decisioni irrevocabili. La dichiarazione di guerra è già stata consegnata agli ambasciatori di Gran Bretagna e di Francia.»

Grida altissime della folla. «Guerra! Guerra!»

Guerra alle democrazie plutocratiche e reazionarie dell'Occidente.

«La parola d'ordine è una sola, categorica e impegnativa per tutti. Essa già trasvola e accende i cuori dalle Alpi all'Oceano Indiano: vincere! E vinceremo, per dare finalmente un lungo periodo di pace con la giustizia all'Italia, all'Europa, al mondo. Popolo italiano! Corri alle armi e dimostra la tua tenacia, il tuo coraggio, il tuo valore!»

Qualche migliaio di morti per sedersi al tavolo dei vincitori.

Ah dì... che a fare i conti precisi i morti son stati un po' di più. All'inizio aveva l'aria di una passeggiata e invece il nostro esercito ha preso una batosta dietro l'altra. Ma i giornali riportavano solo notizie di grandi successi dei nostri combattenti.

Veline

Era Mussolini in persona che passava le notizie all'agenzia di stampa Stefani che, una volta viste e censurate, le girava ai giornali, sia di partito sia «indipendenti», comunicando alle redazioni di tutt'Italia con regolarità quotidiana una o più direttive, che erano trasmesse durante il giorno per telefono e subito trascritte in forma di brevi testi dattiloscritti in più copie, usando la carta velina.

Se per prendere il potere possono essere sufficienti schioppi, forche e bastoni, per mantenerlo si deve convincere il popolo. Per questo occorre che il tiranno racconti un mondo velinato come vuole lui.

Le direttive di Mussolini erano precisissime e perentorie:

- niente cronaca nera;
- niente suicidi;
- niente sconfitte;

- non pubblicare il numero dei caduti;
- non pubblicare i nomi dei caduti.

Persino le condizioni meteorologiche dovevano essere censurate; se pioveva per troppo tempo o c'era la siccità, bisognava tacere la notizia sennò la popolazione si avvilisce.

Lui teneva tutto sotto una cappa.

Aveva costruito un mondo tutto fasullo, di populit.

Ma se Mussolini era riuscito a invornire il cervello di quasi tutti, sulla pancia non era riuscito a intervenire. Fame e miseria dilagavano. Alla radio si ascoltava Radio Londra.

La guerra si stava perdendo, ma nessuno poteva dirlo.

Fin quando nel luglio del '43 è venuta giù tutta la scenografia.

Fuga

Quella notte di luglio c'era un'aria magnifica. Dicono che luglio è il mese in cui gli ormoni hanno la loro punta massima. Non lo so, ma vi posso assicurare che io ero bello carico. Armato come il Giappone.

Nella mia prigione non riuscivo a pensare ad altro se non alla mia Nives. Mi immaginavo i turisti amoreggianti sulla battigia. Poto-pom. Ero un po' stufo di pensare a lei leggendo le poesie di Giacomo Leopardi. Due maroni… Volevo rivederla dal vivo.

Nel vano tentativo di abbassare di qualche tacca la pressione del testosterone, esco nel giardino a fare quattro passi. Giusto quattro passi perché la recinzione dei muri alti, con in cima cocci aguzzi di bottiglia, non mi permetteva di farne di più.

Vicino alla porta scorgo la Sabbioni Elvira che sta dando gli ultimi colpi di spazzolone. Gioco la carta del sentimento. «Elvira… lo so che non puoi, ma fammi uscire…

ho una ragazza che voglio rivedere, è bellissima, bella come un giglio, ama la poesia… Elvira, non ce la faccio più…»

La Sabbioni Elvira mi guarda, strizza il mocio. «Gli uomini… siete tutti uguali… poesia, poesia… e poi se non vi sfogate vi vengono le vene varicose al cervello e ai maroni.» Poi raccoglie secchio e strofinacci ed esce, lasciando socchiusa la porta principale.

Sabbioni Elvira, ti adoro.

Dall'armadio scelgo l'uniforme più bella di tutte, quella bianca da ammiraglio. O da nostromo, non lo so, però fa tanto elegante e scappo dalla mia prigione vestendo i panni di Benito Mussolini.

Esco in viale Ceccarini, vedo una bicicletta e la inforco.

Oh, non fate mica tanto i moralisti perché siete stati voi i primi a rubare la mia bici!

Pedalo fino al garage Centrale. Mi guardo intorno. Vedo il garagista Astro Bologna che sta lucidando una Alfa Romeo rossa.

«Bella questa macchina, me la impresti?»

«Ma eccellenza, veramente la macchina sarebbe la sua…»

«Meglio!»

Poto-pom

Guido fino in viale Trento Trieste, parcheggio l'Alfa e con passo deciso faccio il mio ingresso nel giardino della villa Quadrelli Curzi. Nives è seduta sotto un gazebo in ferro battuto e sta leggendo un libro. Sopra il tavolo un vaso con un mazzo di gigli.

Il mio battito cardiaco va su di giri. Poto-pom.

Mi sento come un'automobile lanciata a gran velocità.

«Nives!» Ingrano la quarta e le vado incontro sgasando.

«Eccellenza, ma cosa...» Si alza in piedi. Intimidita.

Scalo due marce e passo in seconda. «Be', non è contenta di rivedere il suo Duce?» Metto la terza.

Lei fa un mezzo passo indietro. «Quando ci siamo incontrati al Grand Hotel mi sono sentita... Forse lei ha capito male, ha interpretato il nostro bacio come... Mi dispiace, io sono tanto credente. Non sono una ragazza facile. E poi lei è sposato.»

Cavolo, Mussolini lo odio! Mi farà perdere il mio amore, l'unico amore della mia vita.

«Non ci faccia caso, il maschio romagnolo deve sempre sostenere una certa parte di fronte alla gente...» Colpetto al freno.

«Ma al Grand Hotel non c'era nessuno vicino a noi.»

Riporto il motore su di giri. «Appunto! Ma lei lo sa quante femmine vorrebbero essere al suo posto in questo momento?»

Nives abbassa gli occhi. Guarda il libro che ha in mano.

Tolgo il piede dal gas.

«E quanti uomini vorrebbero essere qui con lei, magari a leggere delle poesie?»

Metto il cambio in folle.

«Non si faccia ingannare dalle apparenze. Alle volte un uomo è costretto a comportarsi come non vorrebbe.»

Tiro il freno a mano. Spengo il motore.

Lei sorride. Per la prima volta quella sera.

Capisco che posso riaccendere. Ingrano la prima.

Le bacio la mano. Delicatamente.

Pigio a fondo il pedale del gas.

Prendo il libro e lo chiudo.

«Basta con la poesia è l'ora della prosa.»

Sgommo.

Davanzale sul mare

Praticamente la carico di peso in macchina.

Da lì in poi il motore del mio cuore lascia il posto a quello dell'Alfa rossa. Altra sgommata e via. In un baleno siamo fuori dalla villa. Accelero. I 95 cavalli danno un bel tirotto.

«Ha paura della velocità?»

Fa di no con la testa ma nello stesso tempo si tiene aggrappata alla maniglia della portiera.

Capisco che forse sto un po' esagerando. Praticamente l'ho rapita e adesso sto tenendo una media da Mille miglia. Per metterla a suo agio butto lì una domanda.

«Che libro stava leggendo?»

«*Ossi di seppia*.»

«Interessante. Anche io adopero gli ossi di seppia. Nella gabbia del mio canarino ce n'è sempre uno. Lo usa per pulirsi il becco.»

Ride. E comincia a parlarmi di Montale, Quasimodo, Ungaretti...

Arriviamo alla Curva del fattore; pianino che sennò finiamo nel campo.

E via, fino al Promontorio di Gabicce Monte.

Lì ci godiamo le dolci curve della panoramica. Le stelle, la luna e il mare. Al largo qualche lampara dei pescatori. Vigliacca boia che miseria…

Vedo uno spiazzo.

Mi fermo.

Metto la marcia in folle… (mai lasciare la macchina in folle, poco dopo l'ho imparato a mie spese).

Sgaso. Spengo il motore. Tiro il freno a mano.

Silenzio.

Si sentono solo i grilli e le cicale.

Il pecoraio afgano girovagante

Per fare colpo sfodero il gobbetto di Recanati.

«Vedendo la luna mi sovvengono i versi del sommo Leopardi nell'ode del pecoraio afgano girovagante che si rivolgeva alla luna "Che fai tu, luna, in ciel? E io che sono?". Boh... Eh Nives, e io che sono?...»

Lei ride. Io non lo so come ridono gli angeli ma deve essere una roba simile alla sua. Taccio. Non trovo le parole. Pur con indosso i panni del grande oratore, non so cosa dire. Per cui ci godiamo il panorama notturno. Il Promontorio di Gabicce è come un meraviglioso davanzale affacciato sulla riviera romagnola... un meraviglioso davanzale...

Non avrei voluto ma l'occhio, come sovente accade in quelle circostanze, istintivamente tende ad abbassarsi «laggiù», ad altezza crocifisso in madreperla morbidamente adagiato nell'insenatura del décolleté.

«Eccellenza, ha visto che stellata meravigliosa?»

«Dove?» Ai lati del Cristo ammiro i due ladroni...

«Lassù, in cielo!»

Per un attimo mi distraggo a guardare le stelle ma poi torno subito giù, sul «calvario» terreno.

E lì azzardo. Allungo una mano verso il suo ginocchio. Lei mi scosta con un movimento un po' brusco e, non so come, si libera il freno a mano. Avevo lasciato la marcia in folle. Ve l'avevo detto che quando ci si ferma bisogna sempre ingranare la marcia, vigliacca boia!

Cadiamo nel fosso. Ci ribaltiamo una, due, tre volte. Finiamo la discesa contro una fitta siepe di ligustro. Che casino che ho fatto! Nives è mezza svenuta ma cosciente, per fortuna non le ho fatto del male, non me lo sarei mai perdonato. A fatica esco dall'auto. Vedo un casolare a un tiro di schioppo. Mi avvicino e busso. «Camerata contadino! Sveglia!»

Quello si affaccia tutto assonnato. «Vivadio... ma lo sa che ore sono?»

«Ssst! Qui non c'è nessun Vivadio! Sono il Duce.»

«A noi!» Il contadino fa il saluto romano.

«A noi, a noi... A noi ci servono le tue bestie per tirare fuori la macchina.»

Il contadino tira fuori i buoi dalla stalla per agganciarli all'auto. Per fortuna che ci sono io a sovrintendere a tutta l'operazione perché altrimenti saremmo ancora lì in mezzo ai campi. L'Alfa Romeo mi sembra non avere sofferto più di tanto, infatti dopo una veloce controllatina sotto il cofano, la rimetto in moto senza problemi. Facciamo il viaggio di ritorno in silenzio. Arrivati a Riccione cerco di rimettere tutte le cose in ordine e al suo posto: la Nives nella sua villa, la macchina nel suo garage e io nella mia prigione sperando che nel frattempo nessuno si sia accorto della mia fuga.

Gran confusion

Arrivo alla Casa del fascio e vedo che la porta della mia prigione è stata sfondata.

È successo qualcosa.

Eh sì, il 25 luglio del '43 è successo qualcosa.

È scoppiato il casino.

Entra don Bastiano.

«Hanno arrestato Mussolini, prepara la bomba, è il momento giusto per ammazzare quel puttaniere miscredente. *Ego te absolvo*. Preventivamente. Torno tra cinque minuti.»

Entra Carugnaza. Metto via la bomba.

«Presto. Mi serve un autista che devo andare in alt'Italia con Tarzan e gli altri camerati. Torno fra cinque minuti. Se non sei pronto ti ammazzo.»

Torna don Bastiano.

Riprendo la bomba.

«Non è ancora pronta?! Sta arrivando la Banda del bue

rosso. Se non è pronta entro cinque minuti ti ammazzano.»

Entra il conte marchese con la cassa dei soldi del partito.

Metto via la bomba.

«Presto! Mi serve un meccanico. Al campo d'aviazione c'è un aeroplano pronto per andare all'estero. Torno fra cinque minuti. Se non sei pronto ti ammazzo.»

Torna don Bastiano.

Prendo la bomba.

Torna Carugnaza.

Metto via la bomba.

Entra la Banda del bue rosso coi bastoni.

Prendo la bomba.

Il conte marchese coi denari.

Metto via la bomba.

Ma esplodo io.

«Allora! Se non vi mettete d'accordo tra di voi, mi ammazzo io!»

Nonostante il mio perentorio ultimatum scoppia una colluttazione collettiva a livello di rissa tipo Madison Square Garden. Tutti cercano di prendere la bomba. Tutti cercano di prendere i soldi.

Bastoni, denari, coppe e spade.

È una gran briscola. Primiera, re bello e sette bello!

Entra la Sabbioni Elvira.

Scopa.

«Uomini? Tutti uguali. Vogliono sempre fare la scoreggia più grossa del loro culo.»

Approfitto dello scompiglio e scappo con la bomba. Su per le scale. Mi vengon dietro tutti. Fuori. C'è parcheggiata una macchina. Una Balilla nera. Entro dentro. Mi segue tutta la comitiva: il conte, don Bastiano, Carugnaza e la Banda del bue rosso al completo. Tutti ramassati nella Balilla ad azzuffarsi. Nessuno vuole mollare. Boia chi molla!

Molla il freno a mano.

Inavvertitamente qualcuno l'ha tolto durante la colluttazione. Quante volte ve lo devo dire... La Balilla comincia a scendere giù per viale Ceccarini, verso mare. All'interno del veicolo continuano a menarsi.

Nella confusione generale, apro la portiera e sguscio fuori dalla macchina. Chiudo la portiera. Attraverso il passaggio a livello e scappo in direzione del mare. L'auto continua a scendere lentamente ondeggiando in qua e in là a causa della colluttazione interna del tutti contro tutti...

Far West

Avete presente uno di quei film western dove c'è la diligenza che viene assalita dagli indiani? No? La scena principale di solito si svolge così.

Vediamo la diligenza che percorre la vallata in mezzo a una strada polverosa. A cassetta siedono il postiglione, che nella maggior parte dei casi è un vecchio nonno ubriacone, e il vicesceriffo con il fucile Winchester. Dentro la vettura normalmente la comitiva è composta da:

- n. 1 vecchietta artritica e danarosa, accompagnata da nipotina modello bella gnocca del Far West;
- n. 1 prete battista, evangelista o roba di altra setta religiosa americana;
- n. 1 baro con gilet damascato, orologio a catena, brillantina e baffetti;
- n. 2 passeggeri generici;
- n. 1 John Wayne.

Stanno lì, seduti fitti fitti. Tra uno scossone e l'altro il viaggio procede abbastanza tranquillamente. Dopo qualche inquadratura arrivano gli indiani. I cattivi. Che attaccano la diligenza. I buoni. Prima freccia e muore il postiglione. Il postiglione è sempre il primo ad andarsene. La seconda freccia che va a segno è per il vicesceriffo che invano tentava di prendere le redini in mano. Da quel momento i cavalli, senza nessuna guida, si imbizzarriscono e si mettono a galoppare all'impazzata. E la diligenza corre via nel canyon come una scheggia.

Il baro estrae la Derringer da dentro la manica. Un pistolino che avrebbe solo due colpi in canna, ma lui spara almeno una cinquantina di volte. Magia del cinema.

Il prete prega. La nonna bestemmia. La bella gnocca piange. John Wayne spara. Apre la portiera e si sospende nel vuoto. Con una mano si sostiene al telaio, con la seconda mano tiene ferma la bella gnocca che sta per cadere e con le altre due mani spara all'impazzata contro gli indiani che galoppano paralleli alla diligenza, fornendo così un facile bersaglio al pistolero (i pellirosse adottano questa strategia di attacco sicuramente ritenendola una efficace manovra di guerriglia, ma io, ignaro spettatore digiuno di tattiche militari, ho sempre pensato che fosse una gran coglionata).

A un dato momento i buoni finiscono le pallottole e i cattivi le frecce. Si passa al corpo a corpo. Una ventina di indiani salgono a bordo e scoppia la scazzottata generale. Mentre i cavalli corrono all'impazzata, la telecamera inquadra lo strapiombo che si avvicina. Paura. Se non si fermano moriranno tutti, giù nel burrone.

E qui lo spettatore ingenuo, fra una carruba e un tiro di sigaretta, non può fare a meno di porsi delle domande. "Veh, se fossero persone intelligenti smetterebbero di azzuffarsi, parlerebbero fra di loro dicendo per esempio: 'Cari signori pellerossa state sbagliando, noi siamo bianchi e quindi buoni, ma con la diplomazia potremmo ottenere un accordo...'. Viceversa gli indiani, col tipico buon senso dei popoli oppressi, potrebbero dire: 'Noi siamo gli indiani e quindi i cattivi, ma abbiamo le nostre ragioni, eravamo qui prima di voi e quindi se voi avete ragione anche noi non abbiamo torto...'; insomma intavolerebbero un dialogo, almeno per evitare di finire sfracellati nel precipizio!" E invece no.

Cosa fanno? Buoni e cattivi si continuano a menare.

Quante volte nella storia dell'umanità è successo così?

Alla fine poi lo spettatore spera sempre che arrivino i «nostri», capitanati da un tenente O'Hara o McKenney di turno, a disperdere gli indiani e a frenare in tempo la folle corsa della diligenza.

Ma se i «nostri» non arrivano? Perché nei films può darsi che il 7° cavalleggeri sia nei paraggi pronto a intervenire, ma nella realtà è più facile che il 7° sia in licenza premio a farsi i cavoli suoi. E così pure l'8°, il 9° eccetera. Allora chi ci potrà salvare? Forse solo i cavalli che nel loro buon senso equino di sopravvivenza si arrestano sull'orlo del baratro, si girano verso la diligenza e dicono, sia ai buoni sia ai cattivi: «Oh, ma vi rendete conto di quanto siete idioti? Se continuate così farete saltare in aria questo povero mondo».

Scoppia la bomba

Bu-du-bum!

Scoppia la bomba. Mi giro. La Balilla è lassù in alto. Fai finta dieci metri. Rimane lassù come se fosse sospesa. Un secondo che sembra infinito. E poi pa-ta-pam. Al suolo. Una carneficina.

Mi dispiace per Carugnaza, era stronzo ma ci ero quasi affezionato.

Riprendo la mia corsa. Passo davanti al Palazzo del turismo nel momento in cui stanno tirando giù dalla facciata l'enorme fascio littorio. Tutti fanno festa. Fuori nel piazzale c'è Adoni Zelio con fascia al braccio e schioppo in mano.

Vigliacco, aveva detto una bugia al povero Marcaccini Ettore, non era vero che voleva seguire gli altri camerati in alt'Italia. Zelio, capito il cambiamento del vento, voleva solo cambiare casacca. Ha adoperato il sistema di Tarzan, che sarà anche cresciuto tra i selvaggi ma non è mica scemo. Lui molla una liana solo dopo essere zompato su un'altra. Chiamalo *pataca*...

Nella confusione generale uno del comitato mi fa. «*Va dreinta chi t'da un sciop anché mà tè.*» Vai dentro che ti danno un fucile anche a te.

Ma io me ne frego. Voglio solo andare dalla Nives prima possibile.

Vedo una bici. È legata a un albero con una catena.

Visto? Questo ventennio non è servito a niente, è già tornato tutto come prima.

Vado a piedi.

Rapimento

Arrivo alla villa di viale Trento Trieste. Entro di corsa, salgo lo scalone come una furia e la trovo in camera sua, seduta di fianco al letto, che sta ricamando. Non si può passare tutto il tempo a leggere…

Mi guarda sbalordita. «Eccellenza… ma alla radio hanno detto che è stato arrestato!»

«*Mò* quale eccellenza, ma quale arrestato! Io sono Pio Vivadio, professione meccanico. Tu mi hai regalato il libro di Giacomo Leopardi quando sono venuto ad accomodare la Bugatti del tuo babbo. Tutti questi anni sono stato in prigione e mi hanno costretto a fare il sosia di Mussolini, ma grazie al cielo, così ci siamo potuti conoscere!» La prendo per le braccia. Nella foga si punge con l'ago. Una goccia di sangue le sporca la camicetta bianca.

«Nives, scappiamo. Io e te, facciamoci un'altra vita. Dopo ti spiegherò tutto. Ho saputo che c'è un aereo al campo d'aviazione che è pronto per decollare. Andiamo all'estero!»

«Ma io non voglio scappare...»
«Ma è per il tuo bene!» La stringo, la tiro, nella confusione le si strappa la camicetta... A quella vista mi monta tutto un lavoro addosso...

Violenza

Mi è sceso sugli occhi un velo rosso. Tipo olio esausto. Mi si è ingolfato il motore. Il radiatore ha cominciato a sifonare. Il pistone si è bloccato.

La butto sul letto.

Sta lì ferma, abbandonata. Mi guarda con i suoi occhioni verdi.

Mi calo le braghe. Eccitatissimo.

Lei non fa niente. Come una vittima predestinata. Gli occhi le si riempiono di lacrime. E mi guarda… non con paura, ma come se avesse pietà di me.

A quel punto il mio motore ha grippato.

Ma cosa sto facendo… cosa sto facendo…

L'ho guardata sul letto che cercava di coprirsi in qualche modo. Mi sono alzato e sono scappato via, ribaltandomi giù per le scale.

Dal tanto che avevo perso la testa mi ero dimenticato di tirarmi su i pantaloni.

Poi i ricordi si fanno piuttosto confusi, non ho una memoria precisa di come ho fatto ad arrivare al campo di aviazione e salire sul primo aereo che decollava per andare all'estero.

Che poi, coincidenze della vita, quell'estero era proprio Montevideo.

Uruguay

Mi sono rifatto una vita in Uruguay. Quindici anni. Montevideo non è poi tutta 'sta roba. Il monte non c'è proprio. E nemmeno il vidèo.

Ho aperto un'officina. Macchinoni grossi, roba di lusso. Maserati, Ferrari, Alfa. Ho fatto un sacco di soldi. Ho lavorato giorno e notte. Domenica compresa. Tanto io alla messa non ci vado. Ma non lavoravo per i soldi. Lavoravo per dimenticare. Per non pensare alla Nives. A quello che le avevo fatto. Ho vissuto quindici anni della mia vita nascondendo tutto sotto il cofano.

Ogni tanto aprivo il libro di poesie di Giacomo Leopardi, quello che mi aveva regalato lei. A forza di leggerlo e rileggerlo forse qualcosina cominciava a piacermi.

Ho avuto delle donne. Diverse. Ma se chiudo gli occhi e penso a loro non mi ricordo né i nomi né le facce.

Detto per inciso, la mia officina non era più perfettamente organizzata, ma era tutto un marasma disordinato: vaffanculo, dove sono chiavi, pinze e brugole!?

I miei giorni trascorrevano tutti così, lenti e uguali. Pensando solo a tenere il minimo.

Fin quando una mattina mi portano una Bugatti 57 S del 1937. Una Bugatti, la stessa macchina che aveva il commendator Quadrelli Curzi...

Non teneva il minimo. Il giorno precedente l'avevano usata per accompagnare due sposini all'altare nel giorno del loro matrimonio. Sul sedile posteriore era rimasto un fiore. Un giglio. Lo stesso fiore che piaceva a Nives...

L'ho preso e l'ho messo in una lattina di olio Castrol con un po' d'acqua.

Dio!

Clic. Mi si è scattata una molla nel cervello che ha messo in moto un dispositivo meccanico come se il mastigotto che avevo dentro fosse schioppato tutto in una volta. Pom! Come una marmitta intappata.

Dio cosa ho fatto, Dio... Dio...

E forse per la prima volta in vita mi è venuto da parlare, anzi, da litigare con Lui. Lui nel senso di Dio.

«Guarda che la colpa è la Tua! Perché hai permesso che facessi del male alla mia Nives? Perché l'hai fatta così bella? Non potevi metterle su un difettino? Occhi strabici, denti in fuori, tette flosce. Qualsiasi cosa. Io non le avrei fatto niente.»

Sbang, sbang. Picchio con una chiave inglese sul motore di una Ferrari 250 GT California. Sarebbe meglio menarci col martello, lo so, ma non lo trovo a causa del disordine generale che regna nella mia officina. Sono diversi giorni che lo sto cercando... chissà dove sarà finito. Sbang, sbang.

«Troppo facile stare lassù in cielo e scrivere sul lavagnone i buoni e i cattivi. Dovevi farmi morire di freddo quando ero neonato. E visto che c'eri, potevi dare una bella sfoltita anche alle suore! Le galline no, loro lasciale stare che sono innocenti.»

Sbang, sbang. Lo so che è un delitto picchiare un motore V12 da 3 litri di cilindrata, con angolo di 60 gradi fra le bancate con i suoi 280 cavalli, erogati a 7000 giri al minuto. Ma quando ci vuole, ci vuole.

«Non dovevi farmi nascere. Io questa proprio non te la perdono. Io non te la perdono. Solo io. Io! Io! Io! Lo potrei ripetere un milione di volte, all'infinito. Io! Io! Io! Nullo Vivadio! Abbasso Dio. Abbasso Dio. Abbasso Dio!»

Poi mi guardo in giro per cercare gli attrezzi giusti.

«E guarda di cosa sono capace, io.»

Cerco una corda. Dove l'ho messa... ero sicuro che fosse qui vicino al martello... Ah ecco, vedi dov'era finito il martello?... La corda non la trovo ma mi capita sottomano un filo della luce. Non è proprio quello che cercavo ma me lo faccio andar bene lo stesso. Mi annodo un cappio attorno al collo. Monto sulla sedia. Passo il filo sopra un travetto di legno attaccato al soffitto. Do un calcio alla sedia. Trac.

Mò non si va a rompere il travetto...

Non sono libero nemmeno di ammazzarmi.

Una cosa così in Italia non sarebbe mai accaduta perché il travetto avrebbe sicuramente retto e io avrei potuto portare a termine il mio insano gesto. La colpa è che gli operai uruguagi sono un po' pressapochisti. Tirano via nel fare i lavori. Difatti voi non avete idea di quanto sia difficile trovare dei meccanici affidabili. Quasi impossibile. Come trovare un tedesco simpatico, un fascista intelligente, un barbiere silente o un maiale schizzinoso.

Cadendo dalla sedia ho ribaltato la lattina di Castrol e il povero giglio si è spetalato tutto per terra.

È proprio vero, chi si ammazza fa del male non solo a sé. Fa del male a tutto il mondo. Toglie la vita a tutti.

Anche ai fiori.

E lì ho deciso. Basta!

Ritorno a casa

Son salito sul primo aereo che veniva in Italia e sono tornato qua a Riccione. Sono arrivato giusto ieri mattina e come prima cosa sono corso alla villa del commendator Evaristo Quadrelli Curzi in viale Trento Trieste. Ma la villa non c'era più, l'hanno trasformata. L'insegna dice PENSIONE VILLA NIVES e sotto c'è un cartello scritto a mano: *Zimmer frei*, «Camere libere». Nel giardino ci sono due ombrelloni e un dondolo. Nel gazebo dove Nives leggeva le poesie, c'è una famigliola di tedeschi che sta facendo colazione. Devono essere appena arrivati perché sono bianchi come il burro che stanno spalmando sul pane. Alla reception un signore anziano sta pulendo delle oliere. Mi sorride ospitale.

«Buongiorno! Se vuole una camera purtroppo siamo pieni. Fra l'altro mi devo ricordare di togliere il cartello *Zimmer frei*...»

«No guardi, è che cercavo una mia vecchia conoscenza. Per caso, c'è mica la Nives?...»

L'albergatore mi guarda stupito.

«È in cucina che sta tirando della sfoglia. Mi scusi, ma perché lei cerca mia moglie?»

Oh no, la mia Nives si è sposata... Certo che però poteva scegliersi un marito più giovane.

Una nonnetta con il mattarello in mano esce dalla cucina. Mi fa un bel sorriso ruspante: in bocca ha un dente ogni quarto d'ora.

«Egidio, quanti clienti abbiamo a pranzo, così mi regolo su quante uova di tagliatelle devo fare.»

«Fanne per un settanta-ottanta porzioni, abbondanti, che i clienti hanno delle gran fami.»

«Oh Nives, questo signore chiede di te, dice che sei una sua vecchia conoscenza...»

Vecchia ma non così tanto. Purtroppo vedendo l'insegna mi ero illuso, ma invece si tratta solo di una banale omonimia.

Saluto la simpatica coppia di albergatori dopo che hanno insistito in tutti i modi per ospitarmi a pranzo «tanto la Nives ci mette un attimo, a fare quattro uova di tagliatelle fa prima che a fare uno starnuto».

Esco in giardino. La famigliola di tedeschi ha appena finito di fare colazione. Si stanno abbondantemente spalmando di crema Nivea. La loro pelle è già diventata rossa come un peperone.

Difatti, come è risaputo, i tedeschi si abbronzano in un attimo perché hanno la pelle che non è provvista di potenziometro: o è accesa o è spenta.

Convento e galline

Passo tutta la giornata di ieri alla ricerca della mia Nives.

Ufficio anagrafe, vigili, carabinieri.

«Signorina Quadrelli Curzi Nives? Non ci risulta.»

Alberghi, ristoranti, piadinerie.

«Mai sentita nominare.»

Niente. Nessuna traccia.

Arrivato a sera avevo ormai perso quasi ogni speranza. Fin quando mi sono ricordato che Nives era amica delle suorine e allora, per disperazione, sono tornato nel luogo della mia infanzia, il convento delle Piccole sorelle della misericordia.

Ogni cosa è come quella volta. A parte l'orto che è tutto secco e abbandonato.

«Pio, pio, pio...» Mi corre incontro un drappello festante di galline. Pensa te, dopo tanti anni mi riconoscono ancora! E poi dice che la gallina non è un animale intelligente. Pio, pio, pio...

«Pio!» Da una porticina esce una monaca anziana, piccola e minuta, piegata dall'artrosi ma con la pelle del viso liscia come la cera.

Ci si mantiene giovani a cantare gli inni e dire le orazioni anziché lavorare.

«Vivadio, quanto tempo è passato da quando ti pulivo il sedere! Ne fai ancora così tanta?»

Ride. La guardo bene nei suoi occhietti vispi. Suor Letizia, quella che mi ha battezzato.

«Come va sorella?»

«Va come vuole il Signore. In convento siamo rimaste in tre. Il cielo ci ha dato una bella sfoltita.»

Mi viene in mente la litigata con Dio...

«Io sorella non mi assumo responsabilità. Non mi faccia venire i sensi di colpa per le vostre crisi di vocazione.»

Ride ancora.

«Ascolti suor Letizia sto cercando una certa Nives, forse voi la conoscevate. Sa mica per caso...»

«Certo, è qui da noi.»

Il cuore smette di pistonare per qualche secondo. La monaca mi sorride e mi prende per mano. Anche la pelle della mano è bella liscia. Vedi sopra.

«Vieni che ti faccio vedere dov'è.»

Camposanto

Passiamo di fianco alla chiesetta dove c'è il camposanto. Bello. Se bello si può dire un cimitero. Ci fermiamo davanti a una lapide. «Caterina.»

Il cuore sta per ingolfarsi.

«Nives aveva scelto quel nome lì. Col passaggio del fronte i suoi famigliari li hanno sfollati in una casa che è stata bombardata; sono morti tutti e lei è rimasta sola. Ha deciso di venire a stare in convento con noi. Aiutava i bambini. Gli leggeva poesie. È sempre stata bene di salute, ma nell'inverno del '47 si è ammalata. Prima di salire in cielo ha preso i voti. Le volevano tutti bene.»

Eh no, eh… allora son proprio sfigato. Morta, e soprattutto morta da suora!

«Parlava spesso di te. Diceva che eri buono.»

«Io buono? Ma lei ha saputo che le ho fatto?!»

Io so molto bene cosa le ho fatto. Sono quindici anni che ci ripenso. Quindici anni che rivedo quegli occhi, quel suo sguardo mentre era lì sul letto. Per assurdo, mi son sentito guardato dall'alto verso il basso. Quello sguardo mi ha fermato. Forse se Nives si fosse ribellata, se avesse urlato, probabilmente avrei continuato, avrei approfittato di lei, con violenza, con una violenza di cui non mi ritenevo capace. Con quella violenza che mi aveva sempre infastidito.

Qualcuno potrebbe dire: «Ma non è mica successo niente, in fondo ti sei solo calato la braghe ma poi ti sei fermato in tempo, e poi magari... a lei sarebbe forse piaciuto...». Boh, non lo so. Tecnicamente è andata così. Però io mi sento come se avessi strappato un bel fiore e poi l'avessi gettato nel fango. Come quella volta al Rio Melo quando Tarzan ha schiacciato il bruco prima che si trasformasse in farfalla. La cattiveria è cattiveria, nelle cose piccole come nelle grandi. Io pensavo di essere buono, di non dare fastidio a nessuno, con la filosofia del «mi faccio i cazzi miei». E invece è bastato vestire una divisa, indossare i panni di un tiranno per diventare come Lui. Sosia in tutto, compreso nella cattiveria.

«Nives ti voleva bene.»

Guardo suor Letizia con aria stupita. Questa proprio non me l'aspettavo. Cosa vuole dire «mi voleva bene» quando praticamente l'ho quasi disonorata?

«Raccontava che ti travestivi da Duce per far colpo su di lei. Recitavi poesie sciocche e la guardavi, e lei rideva e anche tu ridevi. Diceva che chi ride, in particolare di se stesso, è buono, fa come gli angeli che si prendono alla leggera e per questo motivo volano. Si danno poco peso. A proposito, perché non rimani con noi? Abbiamo appena seppellito l'ultimo sagrestano. Avremmo tanto bisogno, in particolare per l'orto...»

«Per l'amore del cielo...»

Suor Letizia ride e, con la discrezione di chi è capace di lasciarti in pace col tuo dolore, mi lascia da solo sulla tomba di suor Caterina.

Alla sua donna

Guardo la lapide spoglia. Almeno però una foto potevate metterla. Che braccino corto che hanno 'ste Piccole sorelle della misericordia!

Prendo fuori dalla tasca il libro con le poesie di Leopardi Giacomo.

«Nives... Caterina... boh, come ti devo chiamare? Ti volevo dire che il libro che mi hai regalato l'ho letto. Tutto.»

Apro il libro alla pagina che ha come segnalibro un giglio essiccato.

«Questa è la mia preferita. Te la ricordi? Dice:

Cara beltà che amore
Lunge m'inspiri o nascondendo il viso...

Poi dopo nel mezzo ci sono delle altre robe che non sto a recitare, perché per essere bella è bella, ma un tantino lunghina, e poi finisce...

Di qua dove son gli anni infausti e brevi,
Questo d'ignoto amante inno ricevi.»

Chiudo il libro.

«Questo d'ignoto amante inno ricevi.»

Tolgo una piccola pagliuzza appoggiata sulla lapide. Sospiro.

«Peccato che l'ha scritta un marchigiano.»

Prendo il giglio e lo appoggio delicatamente sulla tomba.

«Lo sai che mi è venuto voglia di scrivere una poesia? Non sono ancora tanto bravo con le rime e non riesco ad andare più in là di un banale "cuore-fiore-amore" o "tesoro-oro-pandoro". Però, tanto per cominciare, ho capito che il bravo poeta scrive le parole una sotto l'altra anziché di fila.»

Mi viene da ridere. E secondo me, dal cielo o da qualche altra parte ovunque si trovi, ride anche la Nives.

«Non so come andrà a finire ma mi sento che un giorno ti potrò incontrare ancora, magari sulla terrazza di qualche meraviglioso Grand Hotel. Con dei camerieri biancovestiti che leggiadri ci porgono variopinti aperitivi. "Scusi, signor cameriere, si potrebbe avere un ombrellino?" E lì, appoggiato sulla balconata con lo sfondale del mare e della luna, cara Nives ti guarderei negli occhi e con le mie parole mi piacerebbe dedicarti una poesia (che non è ancora finita ma ci sto lavorando sopra). Come argomento principale parla di un bruco che si sta trasformando in farfalla e nel momento della metamorfosi soffre, si dimena. Ha paura. Non vuole cambiare la sua natura. Io penso che il bruco nella sua testa, date le dimensioni, abbia solo un neurone. E questo unico neurone gli dice un'unica cosa: "Non cambiare... non cambiare!". Ma se il poveretto sapesse che diventerà una farfalla bellissima che vola leggera, allora non si ribellerebbe ma si lascerebbe andare a questa sua mutazione, al corso misterioso della natura. Felice di diventare farfalla. Anzi, collaborerebbe al meraviglioso cambiamento. Hai capito Caterina? La morale è che uno si può ribellare o può resistere quanto vuole, ma non ci si può far niente, la natura è più forte. Ognuno di noi è destinato a trasformarsi in farfalla e volare. Adesso manca che ci metto dentro qualche rima baciata e poi la poesia è fatta!»

Rido.

Finito il mio pistolotto, sono rimasto ancora lì per un bel po'. Giusto per fare due chiacchiere del più e del meno. Non si può sempre dire delle robe intelligenti. Poi ho rimesso il libro in tasca e sono andato via.

Il mare

Sono andato via ma non sapevo dove andare. E quando uno non sa dove andare, gira e prilla, si finisce sempre al mare. Sono stato tutta la notte seduto in riva al mare. Mi sentivo sereno e leggero come mai in vita mia, in pace come uno che si sente perdonato e ha voglia di ricominciare; come quando qualcuno ti guarda dall'alto verso il basso, ma non per farti sentire una merdina, ma per risollevarti e allora alzi gli occhi al cielo e ti chiedi: "Chissà cosa di bello mi potrà arrivare...".

Ha cominciato a piovere.

Che se ci fosse stata ancora l'agenzia Stefani avrebbe censurato la notizia.

E mi son scoppiato a piangere.

Il cielo piangeva con me e su di me.

Vita da spiaggia

Poi basta. Ha fatto giorno e la nottata è passata. Ha smesso di piovere. Il cielo ha avuto pietà di me. E anche io.

La spiaggia si è riempita di turisti.

I bagnini hanno cominciato ad aprire gli ombrelloni. I nonni a raccogliere le *purace*. Il megafono della spiaggia a trasmettere le allegre note delle canzonette di liscio e i soliti avvisi per i bagnanti.

«Attenzione prego. È stata smarrita una bambina di nove anni con indosso un costumino a righe. Risponde al nome di Soraya. Agli altri nomi non risponde. Chi la trovasse, siete pregati di portarla al bagno 114.»

La spensierata vita da spiaggia, dove tutti si abbronzano, chiacchierano, passeggiano, leccano ghiaccioli, sorbiscono variopinti cocktail (adesso si può dire...) con relativi ombrellini.

Mi siedo al chiosco della spiaggia e ordino un caffè. Intanto sfoglio «Il Resto del Carlino» di oggi, 29 giugno 1958.

Vado subito alla pagina sportiva che a me la politica non mi è mai interessata: *Il Brasile ha vinto i mondiali di calcio. Incoronato un nuovo re: Pelé.*

Passano due belle ragazze con un costume a due pezzi. Totale quattro pezzi. Una coppia di una certa età è seduta al tavolino di fianco a me. Il marito abbassa gli occhiali per meglio mettere a fuoco il pezzo superiore del costume delle ragazze. La moglie storce la bocca.

«Dovrebbero abolire questo scandaloso bikini. Abolirlo come ha fatto la Merlin con i casini.»

Il marito acconsente in silenzio, fa un gran sospirone e poi dà un ultimo sguardo nostalgico al pezzo inferiore del costume delle due ragazze che si stanno allontanando. Forse rimpiange anche le case in zona via Clodia.

Il juke-box suona la canzone di Domenico Modugno che pochi mesi prima ha trionfato al Festivàl di Sanremo.

Ma tutti i sogni nell'alba svaniscon perché,
Quando tramonta, la luna li porta con sé,
Ma io continuo a sognare negli occhi tuoi belli,
Che sono blu come un cielo trapunto di stelle.
Volare... oh, oh!

Crema Nivea

Frrrrrr.

Sento un rumore e alzo gli occhi al cielo.

Frrrrrr.

Un aeroplanino da turismo con dietro uno striscione: CREMA NIVEA.

Nivea. Pura come la neve.

E lì c'ho come una illuminazione… forse ho capito come ragionano i poeti. Probabilmente loro vedono una roba che la gente normale, come me, non ci fa caso ma per loro invece è un coso che vuole dire una cosa di qualcos'altro. Forse solo adesso capisco perché alla Nives piaceva la poesia. Pensa te, proprio grazie a un aeroplano da turismo.

È buffa la vita, vero? È un'opera buffa. Qualcuno dice che la vita è tutto un dramma o peggio, tutta una tragedia. Qualcun altro dice che la vita è solo una farsa.

Dipende con che occhi la guardi.

«Scusate signori bagnanti, cosa vi fa venire in mente la scritta CREMA NIVEA lassù nel cielo?»

«Mani screpolate.»

«Di più.»

«Culi arrossati»

«Di più!»

«Tedeschi impomatati.»

«Di più! Di più!» (Più dei tedeschi non si può, perché loro si danno tanta di quella crema che si scagliolano con la cazzuola.)

Per tutti, è solo l'aeroplanino della réclame. Per me, quello lassù in cielo è il simbolo della bellezza assoluta.

Bella bambina

«Babbo, babbo...»

Fa una vocina dal basso mentre mi sento tirare per i pantaloni. Mi viene un colpo e quasi sto per rispondere: «Non ricominciamo con 'sta solfa... Non sono il tuo babbo, boia d'una vigliacca!». Ma poi guardo bene. È una fanciulla che indossa un costumino a righe. Immagino che si tratti di Soraya, quella che si era smarrita.

«Perché piangi, bella bambina? Ti sei persa?»

Mi guarda dal basso all'alto ma nonostante la tenera età, ha già quel piglio che a me risulta viceversa.

«Non sono bella, sono brutta. Me lo dicono tutti.»

Effettivamente adesso che ci faccio caso è un bel po' bruttina. Pure strabica. "Ma magari" penso "col tempo si farà."

Che io poi, ripeto, mi son sempre chiesto: ma perché voi genitori battezzate i figli con dei nomi che possono diventare un macigno? Se chiamate una bambina con il nome

Soraya, chiaramente vi volete riferire alla regina di Persia, una donna bellissima, nobile ed elegante. E se la vostra figlia, crescendo diventa una bella ragazza, tutto va bene. Questo naturalmente vale anche per i nomi Ava (Gardner), Marilyn (Monroe), Sophia (Loren) eccetera. Ma se la ragazzina, anziché sbocciare come un fiore, resta un carciofino, brutta e pure antipatica, che vita d'inferno le faranno passare le compagne e amiche? Non è forse più prudente chiamare una bambina con dei nomi standard tipo Pasquina, Tina o Iolanda? Con tali appellativi, qualora la vostra figlia assumesse le fattezze di una diva, sarebbe un bel contrasto. Nel caso fosse un cesso inguardabile, nessuno avrebbe niente da ridire.

«Voglio un ghiacciolo!» strilla Soraya, capricciosa, mettendo su il broncio.

Se la bellezza in una donna, crescendo, può migliorare, il livello della stronzeria può solo peggiorare.

La prendo per mano e le dico: «Dai, non avere paura. Andiamo insieme a cercare il tuo babbo. Quello vero. E intanto che camminiamo ti racconto una bella storia: c'era una volta un bruco proprio nel momento che si stava trasformando in farfalla e...».

FINE

Ringraziamenti

Questo libro prende spunto dall'omonimo monologo teatrale portato in scena nel 2012 con la regia di Daniele Sala. Voglio ringraziare innanzitutto le persone che hanno vissuto in quegli anni e che mi hanno raccontato tante storie: Dogi Galavotti, Giancarlo D'Orazio e Luciano Cevoli, mio babbo, soprannominato «Macario».

Poi ringrazio Giuseppe Lo Magro per i suoi libri su Riccione. In particolare per gli episodi riportati, come *Bèla spòsa*, *La Righina* e tanti altri. Nives Concolino e Marina Giannini per il loro libro *Villa Mussolini. Una finestra su Riccione*. Dante Tosi con il libro *Riccione, una rotta nel vento*. Emanuela Cicchetti per i racconti su suo nonno e suo babbo.

Dietrich Bonhoeffer per tutto il discorso delle sbarre di ferro.

Michela Gallio, editor insostituibile.

Stefano «Stinga» Calabrese per la sua simpatia e per i detti in anconetano.

Daniele Mencarelli, amico e consigliere. Maurizio Pagliari, idem. Federico Andreotti, vedi sopra.

Roberto Gemelli, compagno di avventure e di lavoro. Mio fratello Luca, amante come me della Perla Verde dell'Adriatico. Mia moglie Elisabetta che per la prima volta nella sua vita ha finito di leggere un mio libro ancora in bozza. E così anche i miei figli e le mie nuore. Loro però non lo so se lo hanno letto tutto.

Indice

GRAFICA VENETA CARBON NEUTRAL

Questo libro è stampato fabbricato da Grafica Veneta S.p.A.
con un processo di stampa e rilegatura certificato 100% carbon neutral
in accordo con PAS 2060 BSI

Finito di stampare nel mese di aprile 2023
per conto di RCS MediaGroup S.p.A.
da Grafica Veneta S.p.A., Via Malcanton 2, Trebaseleghe (PD)
Printed in Italy